सबके लिए गीता

सबके लिए गीता

प्रभुदयाल मिश्र

बुक्स फॉर आल

[ए डिविजन आफ डी० के० पब्लिशर्स डिस्ट्रीब्यूटर्स (प्रा०) लि०]

दिल्ली-110052

वितरक:
डी० के० पब्लिशर्स डिस्ट्रीब्यूटर्स (प्रा०) लि०
1, अंसारी रोड़, दरिया गंज,
नयी दिल्ली-110002
दूरभाष: 3261465, 3278368
फैक्स: 091-011-3264368

अ० मा० पु० स० 81-7386-137-4

प्रकाशक:
बुक्स फॉर आल
[ए डिवीजन आफ डी० के० पब्लिशर्स डिस्ट्रीब्यूटर्स (प्रा०) लि०]
ए-6, निमड़ी कम्युनिटी सेन्टर,
अशोक विहार, फेज-IV
दिल्ली- 110052
दूरभाष : 7430113, 7143353
फैक्स : 091-011-7138265

लेजर टाईप सेट द्वारा:
आईडियल प्रिन्टर्स, दिल्ली- 110007

मुद्रक:
डी० के० फाइन आर्ट प्रैस (प्रा०) लि०. दिल्ली-110052

भारत में प्रकाशित

श्री सत्य सांई बाबा को अर्पित

दृष्ट्वेदं मानुषं रूपं तव सौम्यं जनार्दन
इदानीमस्मि संवृत्तः सचेताः प्रकृतिं गतः।

पहली प्रति स्वीकृत

१४ अगस्त १९९२ को पुट्टपर्ती में श्री सत्य सांई बाबा के आर्शीवाद के अनुसार उन्हें इस पुस्तक की अंग्रेजी मूल ''दी गीता फार ऑल'' की पहली प्रति अर्पित करने के लिए मैं नवम्बर १९९४ के बाबा के जन्म समारोह के अवसर पर प्रशांति-निलियम में उपस्थित था। किन्तु क्या बाबा इसे मेरे द्वारा ले जाये जाने पर ही प्राप्त करते? वहां के प्रसिद्ध ''सांई टावर'' में पुस्तक मेरे पहुंचने के पहले पहुँच चुकी थी!

पर इसकी प्रत्यक्ष स्वीकृति के प्रति भी तो मुझे आश्वस्त होना था। १८ नवम्बर को दोपहर बाद की दर्शन पंक्ति में बैठे हुए मैने रजिस्टर से एक कागज निकालकर उसमें लिखा -

''बाबा, मुझे चार दिन हो गये हैं। मेरी इच्छा आपको आपके द्वारा आशीर्वादित पुस्तक की प्रथम प्रति प्रत्यक्ष भेंट करने की थी । अब जब मैं उसे ''सनातन सारथी'' कार्यालय में सौंप चुका हूँ तो एक ही इच्छा शेष रहती है। कल से राष्ट्रीय एकता संगीत और आपके जन्मोत्सव समारोहों के कारण आप दर्शकों के बीच नहीं चलेंगें। अत: यदि इस पत्र को प्राप्त कर आप एक बार मेरी ओर भरपूर दृष्टि से देखते हैं तो मैं तृप्त लौट सकूंगा।''

मैं करीब ६० हजार की भीड़ के एक हिस्से में सामने से चौथी पंक्ति में बैठा था। बाबा पीछे की ओर से आए। उन्होंने कोने में बैठे एक व्यक्ति की प्रार्थना पर उसे कुछ विभूति प्रकट कर दी और मेरे सामने से निकल गए । थोड़ी दूर जाकर कुछ मिनट बाद ही वे लौटे और भीड़ में अन्दर अपना हाथ बढ़ाकर मुझसे लिफाफा ले लिया जो इसी तरह के सैकड़ों लिफाफों में कही खो गया । बाबा भवन में अन्दर चले गये, किंतु कुछ ही मिनट में वे फिर आकर कुछ दूर खड़े हो गए। मुझे लगा कि जिस तरह कभी-कभी कोई शिशु देखकर भी न देखने का बहाना करता है, ऐसी क्रीड़ा सा उनका भाव है। किंतु यह मेरा अभीप्सित सोच भी हो सकता था।

पर नहीं, बाबा मेरी ओर, मेरी आंखों और मेरी आँखों के बहुत भीतर ही नहीं, उनके आर-पार, लगातार देख रहे हैं।

सच, ७ जून १९९२ के प्रात: पांच बजे स्वप्न में बाबा के कथन* पहली प्रति स्वीकृत का फलितार्थ मुझे मिल गया।

प्रभुदयाल मिश्र

---

* पुस्तक की भूमिका (यह पुस्तक किस प्रकार लिखी गई, का विवरण संदर्भ)

विषय-सूची

पहली प्रति स्वीकृत 7

यह पुस्तक किस प्रकार लिखी गई 11

1. संदेश की भूमिका 16
2. बुद्धि योग 19
3. कर्मयोग 24
4. ज्ञान-योग 27
5. कर्म-सन्यास योग 32
6. आत्म-संयम योग 36
7. सृष्टि-संरचना का विज्ञान 39
8. अक्षर-ब्रह्म 42
9. परम-रहस्य विद्या 45
10. दिव्य-स्वरूप और विभूतियाँ 48
11. विश्व-रूप दर्शन 52
12. भक्ति-योग 55
13. प्रकृति और परमेश्वर विभाग 57
14. गुणत्रय और गुणातीत 60
15. परमात्म-पुरुषोत्तम 62
16. दैवी और आसुरी सम्पत्तियाँ 64
17. मानव व्यवहार की तीन श्रेणियाँ 66
18. सत्य से साक्षात्कार 68

परिशिष्ट

1. अग्नियोग 72
2. भारतीय दर्शन और योग 79
3. विश्वरूप दर्शन, आस्तिकता का दर्शन 82
4. व्यवहारिक जीवन के लिए गीता के संदेश 86

यह पुस्तक किस प्रकार लिखी गयी

भारत और विश्व के महान दार्शनिक विचारकों की परम्पराओं में 'गीता' के दर्शन और सिद्धान्तों पर यह कोई विस्तृत व्याख्या अथवा टीका नहीं है। इस पुस्तक की रचना वर्ष १९८९ के ग्रीष्मकाल में मेरे तत्कालीन सोवियत संघ की यात्रा में रखी गई एक छोटी सी मूल संस्कृत पुस्तिका से हुई। मेरे अनुमान और ज्ञान के अनुसार उस देश में धर्म अथवा ईश्वर की चर्चा करना एक प्रकार से अपराध ही था, अत: मैं इसे साथ ले जाने की हिम्मत ही नहीं जुटा पा रहा था। यहाँ तक कि जब तत्कालीन सोवियत संघ के गण राज्य ताजिकिस्तान की राजधानी दुशाम्बे के एक बन्द कमरे में ताजिक सज्जन, हाकिम शाह ने मुझसे पूछा कि क्या कभी दुशाम्बे की सड़कों पर भी लोग "हरे राम, हरे कृष्ण" गाते हुए निकलेंगें, तो मुझे उसके उत्साह में भागीदार बनने में संकोच हो रहा था।

संयोग से इस गणराज्य की राजधानी में "इरोदा" योग केन्द्र के अध्यक्ष श्री अब्दुलवहाव ने "गीता के व्यवहारिक जीवन में उपयोग" पर न केवल मुझे व्याख्यान देने के लिये आमंत्रित किया बल्कि इन व्याख्यानों को उन्होंने रूसी भाषा में अनूदित कर वहाँ के समाचार पत्रों में प्रकाशित करने का प्रस्ताव रखा। ताजिकिस्तान के दैनिक समाचार पत्र "कम्युनिष्ट ताजिकिस्तान" में प्रकाशित इस प्रकार के एक लेख के कुछ अंश यहाँ उद्धृत करना मुझे सुसंगत प्रतीत हो रहा है -

'योग भारतीय दर्शन के छ: सिद्धान्तों में से एक है। इन सिद्धान्तों के आधार पर भारतीय दृष्टाओं ने जीवन के उद्देश्य तथा संसार, प्रकृति एवं ईश्वर की परिकल्पना पर विस्तृत प्रकाश डाला है। योग पद्धति मानवीय क्षमताओं के विकास पर कहीं अधिक केन्द्रित है। इसके अनुसार यह महत्वपूर्ण नहीं है कि ईश्वर है या नहीं किन्तु यह सर्वदा वांछनीय है कि सृष्टि की मूल अवधारणा के अनुरूप मनुष्य अपनी क्षमताओं का अभीप्सित विस्तार करे।

योग-विज्ञान के आदि प्रणेता महर्षि पतंजलि थे जिनके तत्संबंधी ग्रन्थ का नाम "योग-दर्शन है। योग-दर्शन योग मार्ग में उन्नति के आठ अंगों का विस्तार से विवेचन करता है। इनके नाम हैं — यम, नियम, आसन, प्राणायाम, प्रत्याहार, धारणा, ध्यान और समाधि। संक्षेप में योग की उच्चतर भूमिका की प्राप्ति के लिये यथेष्ट शारीरिक और मानसिक तैयारी आवश्यक है।

योग के दूसरे आधार स्रोत भगवान श्रीकृष्ण हैं। कृष्ण का अपने मित्र और शिष्य अर्जुन के साथ तत्संबधी संवाद "गीता" नाम की पुस्तक में संग्रहीत है। श्री कृष्ण गीता में प्रकिया की इतनी बात नहीं करते क्योंकि अर्जुन यहां युद्ध भूमि में खड़ा है, और उसे एक बहुत बड़ी

सेना का सामना करना है। उसे तो यहाँ अपनी इस तत्कालिक समस्या का एक व्यवहारिक निदान चाहिये कि क्या युद्ध भूमि में खड़े अपने निकट सम्बन्धियों को मारना उचित है? श्रीकृष्ण सबसे पहले यह तर्क देते हैं कि प्रत्येक व्यक्ति की अविनश्वर आत्मा जन्म और मृत्यु से रहित है। उसे किसी प्रकार से विनष्ट कर पाना किसी के भी लिये सम्भव नहीं है। वे अर्जुन को बताते हैं कि जब एक मनुष्य योग में स्थित हो जाता है तो उसके कार्य कर्मयोग बन जाते है। ऐसे कार्यों में अतिरिक्त क्षमता आ जाती है तथा उनके सम्पादन का बन्धनकारी प्रभाव भी नहीं होता। ''योग'' का यह विज्ञान सदियों तक योगियों और सन्यासियों में ही केन्द्रित रहा। वर्तमान युग में यह मानवीय विकास का आवश्यक अंग है। अब दुनिया में लोग इसकी ओर व्यापक तौर पर आकर्षित हो रहे हैं।

आधुनिक भारतीय महापुरुषों में महात्मा गांधी और तिलक संभवत: ऐसे उल्लेखनीय व्यक्ति हैं जिन्होंने ''गीता'' के इस ज्ञान को ब्रिटिश साम्राज्य से भारत की स्वाधीनता के लिये एक अस्त्र के रूप में भी प्रयोग में लाया है।

वर्ष १८९३ ई. में स्वामी विवेकानन्द ने अमेरिका के शिकागो शहर में आयोजित विश्व धर्म सम्मेलन में ''योग'' के इस चमत्कारिक वैभव का प्रदर्शन अपनी प्रभावी वक्तृता के रूप में किया। राजयोग सम्बन्धी उनकी व्याख्या बहुत लोकप्रिय हुई है तथा उनके सिद्धान्तों और व्यवहारिक दर्शन पर आधारित वर्तमान में उनके संस्थान लोक सेवा का उल्लेखनीय कार्य कर रहे हैं।

मौटे तौर पर ''योग'' की दो शाखायें हैं, हठयोग और ध्यान योग। इनमें प्रथम योग शारीरिक तथा द्वितीय मानसिक संचालन से सम्बन्धित है। ध्यान-योग को अन्य अनेक नाम जैसे ज्ञान योग, भक्ति योग, राजयोग भी दिए गए हैं।

मैं वर्ष १९६८ में महर्षि महेश योगी के साथ जब भारत का भ्रमण कर रहा था, तब नयी दिल्ली के भारतीय आयुर्विज्ञान संस्थान में योग के मन और शरीर पर पड़ने वाले प्रभावों के ऊपर प्रयोग किये जा रहे थे। इन प्रयोगों से यह प्रकट हुआ कि ध्यान के द्वारा मनुष्य तनावों से मुक्त होता है और उसमें अतिरिक्त शक्ति, ज्ञान एवं आनन्द की अपूर्व सामर्थ्य आती है।

''योग'' के वैभव का अत्यन्त प्रामाणिक विवरण परमहंस योगानन्द जी की पुस्तक योगी-कथामृत में मिलता है। श्री परमहंस जी ने १९५० ई. में अपने शरीर का त्याग किया। उनकी भौतिक देह चौबीस दिन बाद भी यथावत रही तथा उसमें कोई क्षरण नहीं आया। इस पुस्तक में उस घटना का भी प्रमाणिक तथा प्रथमदृष्ट्या विवरण है, जिसमें श्री योगानन्द जी की बम्बई के रीजेन्ट होटल में ६ जून, १९३९ अपरान्ह ३.०० बजे अपने गुरु श्री युक्तेश्वर जी से उनके देहावसान के ९९ दिन बाद लम्बी भेंट वार्ता हुई।

इस पुस्तक में लेखक ने अपने परम् गुरू महावतार बाबा का एक चित्र भी दिया है जो उनके अनुसार साढ़े तीन हजार वर्ष से भी अधिक आयु के हैं। ऋषिकेष (उ० प्र०) के श्री स्वामी शिवानंद जो प्रथमत: एक डाक्टर थे, ने इस विज्ञान के व्यवस्थित प्रतिपादन में अनेक

महत्वपूर्ण पुस्तकें लिखी हैं। भारत और भारत के बाहर उनका प्रचुर साहित्य तथा भारी अनुयायी देखे जा सकते हैं।

मानवीय चेतना के विस्तार के साथ-साथ योग रहस्यानुभूतियों की भूमिका में पहुंचाता है। अनेक सिद्ध योगी बताते है कि प्रत्येक व्यक्ति के मेरुदण्ड के मूल में एक अदृश्य शक्ति विद्यमान हैं। यदि इस शक्ति को जाग्रत और क्रियमाण किया जाता है तो मनुष्य अपनी स्वंसचालित शारीरिक क्रियाओं पर भी नियंत्रण करते हुये जीवन में चमत्कार प्रदर्शित कर सकता है। उसे अतीन्द्रिय चेतना आदि की अनेक सिद्धियां प्राप्त हो जाती हैं।

कुछ योगी इसे शक्तिपात नाम देते हैं। शक्तिपात एक गुरु के द्वारा शिष्य की कुंडलिनी (चेतनाशक्ति) के जागरण की एक योग-क्रिया है। इस प्रणाली में शिष्य को चेष्टापूर्ण तथा भौतिक अभ्यास के द्वारा योग मार्ग पर चलने की आवश्यकता नहीं पड़ती। यह कार्य गुरु की शक्ति के कारण स्वत: संभव हो जाता है।

देवास म०प्र० के योग सन्यास आश्रम के प्रधान स्वामी श्री शिवोमतीर्थ तथा गणेशपुरी बम्बई के ब्रह्मलीन स्वामी श्री मुक्तानन्द इस श्रेणी के उल्लेखनीय गुरु हैं। योग के भक्ति- पूर्ण पक्ष को कृष्ण चेतना के भक्तिवेदान्त प्रभुपाद और श्री सत्य सांई बाबा के द्वारा अदभुत तौर पर प्रकट किया गया है। सांई बाबा महान चमत्कारिक शक्ति है। उनका कहना है कि चमत्कार उनके स्वभाव में उसी तरह से विद्यमान है, जिस प्रकार से एक सामान्य मनुष्य में सांस लेने और छोड़ने आदि की क्रियाऐं होती हैं।

मैने स्वयं अनेक बार उनके दक्षिण भारत स्थित आश्रम तथा उससे हजारों मील दूर कई चमत्कारों को देखा है। मैंने देखा है कि वे खुले हाथ से कई किलोग्राम भस्म उत्पन्न करते जाते हैं। किंतु उनका सबसे बड़ा चमत्कार संभवत: उनका दिव्य प्रेम है जो विश्व के अनेक देशों के लोगों को उनसे आबद्ध किये हुए है।'

बाद में १४ अगस्त १९९१ को मैं लगभग ४० हजार लोगों की भीड़ में इस पुस्तक की पांडुलिपि लेकर सांई बाबा के दक्षिण भारत स्थित केन्द्र 'प्रशान्ति-निलयम' में बैठा हुआ था। सांई बाबा मेरी ओर आये और कुछ क्षण के लिये मेरे पास रुके। मैंने पुस्तक को उन्हें समर्पित कर उनका प्रत्यक्ष आर्शीवाद प्राप्त करना चाहा, किन्तु इस अवसर पर बाबा ने स्वीकृति का कोई संकेत नहीं दिया। यह अतृप्ति मुझमें जुन १९९२तक बनी रही जिस दिन मैंने प्रात: उठने के ठीक पूर्व एक जाग्रत स्वप्न देखा।

मैं यहाँ अपने निजी अनुभवों के संग्रह से दिनांक ७ जून, १९९२ को अंकित एक विवरण उद्धृत कर रहा हूँ जो इस पुस्तक के प्रकाशक की प्रकाशन सम्बन्धी सहमति के ठीक एक माह पूर्व का है।

' इस समय प्रात: के ५.१० बजे हैं। मेरा यह स्वप्न ठीक ५ बजे ही देखा गया है। मैं सांई बाबा के भक्तों के बीच बैठकर सबके साथ बाबा के प्रकट होने की प्रार्थना कर रहा हूँ।

बाबा प्रकट होते हैं और मुझसे पूछते हैं कि मैं क्या चाहता हूँ। इसके तुरन्त बाद वे अपनी परिचित शैली में मुझे चेतावनी देते हैं, कि मैं अपनी पुस्तक के अनुमोदन की बात न करूं क्योंकि अभी "डाक्टर" उसका परीक्षण कर रहे हैं।

वहाँ पर मौजूद अन्य भक्त बाबा से अनुरोध करते हैं कि बाबा कृपया अनुमोदन प्रदान करें क्योंकि पुस्तक में समयानुसार परिवर्तन किये जा सकते हैं। इस अनुरोध को स्वीकार सा करते हुए बाबा मुझसे पुस्तक की पाण्डुलिपि मांगते हैं।

"क्या यह पहली प्रति है"? बाबा ने पूछा

"हाँ, बाबा।"

"पहली प्रति स्वीकृत, बाबा!'

क्या ज्ञान और कर्म का समन्वय हो सकता है? मेरे विश्वास से गीता समझदारी युक्त कर्म की एक अत्यन्त व्यवहारिक पथ-प्रदर्शिका है।

मुझे लगता है कि गीता किन्हीं सिद्धान्तों अथवा दार्शनिक मान्यताओं की स्थापना के लिए नहीं लिखी गई है। यह तो व्यवहारिक ज्ञान का एक अपूर्व-संग्रह है।

जब गीता को हम ज्ञान, योग अथवा कर्म में से किसी भी एक की स्थापना का शास्त्र मान लेते हैं तो इससे हम इसके असीमित ज्ञान को सीमित कर देते हैं। गीता अनेक दार्शनिक सिद्धान्तों का आधार स्रोत है और भविष्य में भी अनेक मत इस पर अवलंबित होंगें, किंतु यह बिना किसी बाधा के दुनिया के अनेक संतापों से मुक्ति का मार्ग भी प्रशस्त करती है –

नेहाभिक्रम नाशोस्ति, प्रत्यवायो न विद्यते
स्वल्पमप्यस्य धर्मस्य त्रायते महतो भयात्।

(२-४०)

योग की तकनीक और उस "सार्वभौम ज्ञान" में क्या कोई अन्तर है, जिसे श्री कृष्ण राजविद्या, राजगुह्य, पवित्र, उत्तम, प्रत्यक्ष, धर्मसंगत और सुखकर बताते हैं–

राजविद्या राजगुह्यं पवित्रमिदमुत्तमम्
प्रत्यक्षावगमं धर्म्यं सुसुखं कर्तुमव्ययम्।

(९.२)

वास्तव में यहाँ कृष्ण उस ज्ञान को परिभाषित कर रहे हैं जो हमारे कर्म का आधार होना चाहिए। इस तरह गीता को योग, ज्ञान अथवा कर्म का ग्रन्थ मान लेने पर इसका सार जैसे कहीं छूट जाता है।

दूसरे शब्दों में संभवत: हम कह सकते हैं कि गीता में इन तीनों का इतना सूक्ष्म समावेश है कि इसे "एक में तीन" कहा जा सकता है। सारांशत: कृष्ण गीता में कुशल कर्म की व्याख्या कर रहे हैं। कर्म यहाँ लक्ष्य है और ज्ञान इस कर्म को अभिप्राप्त करने का साधन।

जब कभी भी मुझसे मेरे अब तक व्यतीत जीवन की सर्वोत्तम उपलब्धि की बात पूछी गई है तो मैंने पूरे विश्वास के साथ ''गीता'' का नाम लिया है 'जिसे प्राप्त कर लेने के पश्चात् जैसे श्रेष्ठतर और कुछ प्राप्त करने को शेष ही नहीं रहता'—

यं लब्ध्वा चापरं लाभं मन्यते नाधिकं ततः

(६.२२)

इस पुस्तक के पाठकों को अपने इन अनुभवों का भागीदार बनाते हुए मुझे प्रसन्नता हो रही है।

जाहिर है कि मैं गीता की व्याख्या के विस्तार में बिल्कुल नहीं पहुंचा हूँ तथा अधिकांश में मैंने प्रसंगवश सार संक्षेप ही दिया है।

मैंने पुस्तक में एक ''अग्नियोग'' परिशिष्ट दिया है जिसके द्वारा मेरी चेष्टा पारम्परिक योग दर्शन को आधुनिक परा-मनोविज्ञान की विकसित विधा से जोड़ने की है। मैंने अंत में भारतीय दर्शन और योग तथा गीता के वे व्यवहारिक सूत्र दिए हैं, जो विषय को स्पष्ट करने के लिये आवश्यक प्रतीत हुये हैं।

प्रभुदयाल मिश्र

1

संदेश की भूमिका

गीता का अर्थ गेय उस रचना से है जिसे गाया गया हो। वास्तव में ''गीता'' एक ऐसा दैविक संगीत है जिसे भगवान श्रीकृष्ण ने स्वयं गाया है। यह विचारणीय है कि जिस शब्द रचना को बांसुरी वादक कृष्ण स्वयं गा रहे हों उसका स्वर और संगीत कितना प्रभावशील होगा –

गीता सुगीता कर्तव्या किमन्यैः शास्त्र विस्तरैः
या स्वयं पद्मनाभस्य मुख-पद्माद्विनिःसृता ।

'पद्मनाभ भगवान की नाभि से जहाँ साक्षात् वेद-मूर्ति ब्रह्मा आविर्भूत हुए, उनके पाद-पद्म से कर्म-कलुष धोने वाली गंगा उपजीं, वहीं उनके मुख-पद्म से गीता का प्रार्दुभाव गीता की सर्वोपरि स्थिति का द्योतक है। गीता के महात्म्य में इसलिए कहा गया है कि सम्पूर्णज्ञान के भंडार गायें हैं, गोपाल-नन्दन कृष्ण उनका दोहन करने वाले ग्वाल-बाल हैं और अर्जुन एक गो-वत्स हैं जो इस अमृत रस के स्राव का निमित्त बनता है। निश्चित ही इस परम विशिष्ट गोरस का पान करने वाले व्यक्ति धन्य हैं'

सर्वोपनिषदो गावो दोग्धः गोपालनन्दनः
पार्थो वत्सः सुधीर्भोक्ता दुग्धं गीतामृतं महत्।

स्वामी प्रभवानन्द और क्रस्टोफर इशारवुड की भगवत्-गीता नामक पुस्तक की भूमिका में आल्डस हक्सले ने कहा है–

''गीता शाश्वत दर्शन की एक अत्यन्त सुस्पष्ट और सबसे विस्तृत समीक्षा है। सम्भवतः भगवत् गीता शाश्वत् दर्शन के आध्यात्म ज्ञान की सबसे पहली व्यवस्थित कृति है।'' भगवान श्रीकृष्ण मानवीय विकास की सम्पूर्णता हैं। वे शांति के समय बांसुरी बजाते हैं, नाचते हैं और सभी अवस्था के लोगों को समाकृष्ट करते हैं और युद्ध के समय अत्यन्त व्यवहारिक विचारक की भूमिका में एक सैनिक के अर्न्तद्वन्द्व को भी मिटाते हैं। यह कहा गया है कि महाभारत का युद्ध पांच हजार वर्ष पूर्व लड़ा गया था। किंतु व्यवहारिक दृष्टि से इसका संदर्भ इस सनातन ज्ञान के प्रस्तुतीकरण की उपयुक्त भूमिका का कार्य करता है।

महाभारत के युद्ध में धर्नुधारी अर्जुन और उनके सारथी कृष्ण के बीच में जो सम्वाद हुआ गीता उसका संकलन है। कृष्ण को अर्जुन ने अपना सारथी बनाना तब भी स्वीकार किया था

जबकि कृष्ण ने इस युद्ध में स्वयं शस्त्र न उठाने का प्रण किया था। अर्जुन को संभवत: ज्ञात है कि युद्ध जीतने के लिये केवल अस्त्र ही नहीं, उचित सलाह भी महत्वपूर्ण होती है। अर्जुन के विरुद्ध युद्ध लड़ने वालों में मुख्यत: उसके निकट सम्बन्धी हैं। वे पांडवों का उचित न्याय पूर्ण अधिकार भी देने के लिये तैयार नहीं हैं। स्वयं कृष्ण ने बहुत प्रयत्न किया कि युद्ध टल जाए किन्तु कौरवों के सबसे बड़े भाई दुर्योधन के अहंकार की तो कोई सीमा ही न थी।

नीति और अनीति की प्रतिद्वन्दिता में महाभारत आवश्यक हो जाता है। गीता इस महायुद्ध के यथा तथ्य वर्णन पर लिखे संस्कृत के महाकाव्य महाभारत का एक संक्षिप्त अंश है। इसके मूल रचनाकार महर्षि वेदव्यास जी है जो आश्चर्यजनक तौर पर इस महाकाव्य के स्वयं एक पात्र भी हैं। लगभग १लाख से अधिक श्लोकों के इस काव्य के १८ मुख्य खण्ड हैं जिन्हें इसमें ''पर्व'' कहा गया है। गीता छठें भीष्म पर्व के ७०० श्लोकों का एक सारगर्भित अंश है जिसके, संकलन का प्रथम श्रेय शंकराचार्य जी को जाता है।

कौरवों के अंधे राजा धृतराष्ट्र के सारथी संजय दूर दृष्टि के द्वारा अपने महाराज को आँखों देखा हाल सुनाते हैं। महर्षि वेदव्यास ने उन्हें दिव्य दृष्टि प्रदान की थी। धृतराष्ट्र राजभवन में बैठकर संजय से युद्व की घटनाओं का सविस्तार वर्णन सुन रहे हैं। युद्ध भूमि में दुर्योधन अपने गुरु द्रोण के पास पहुंचकर अपने सेना नायकों की वीरता का उल्लेख करता है किंतु वह इस बात से आश्वस्त नहीं है कि उसके सेना नायक पांडवों की तुलना में अधिक शक्तिशाली हैं। इस अवसर पर कौरवों के प्रधान सेनापति भीष्म युद्ध का श्री गणेश करते हुये शंखनाद करते हैं। इसके पश्चात् अन्य सेना नायक भी शंख ध्वनि करते है। जब अर्जुन ने देखा कि दोनों पक्ष युद्ध के लिये तैयार हो गये हैं तो उन्होंने श्री कृष्ण से अनुरोध किया कि वे उसके रथ को दोनों सेनाओं के बीच पहुंचा दें, ताकि वह अच्छी तरह से देख सके कि उसे युद्ध भूमि में किन के विरुद्ध युद्ध करना है। श्री कृष्ण अर्जुन के रथ को दोनों सेनाओं के बीच में पहुँचाते हैं। अर्जुन वहाँ अपने चचेरे भाईयों, भतीजों, निकट सम्बन्धियों, गुरुओं तथा पितामह आदि को देखता है। इस दृश्य से अर्जुन में ऐसा अवसाद भर जाता है कि वह अपना संतुलन खो देता है। उसकी दृष्टि में एकबारगी इस भयानक युद्ध के त्रासद परिणाम कौंध जाते हैं।

अत: उसने कृष्ण से निवेदन किया कि इतने रक्तपात के आभार पर तह किसी विजय की कामना नहीं करता; इससे तो उसका सम्पूर्ण वंश ही नष्ट हो जायेगा, तथा उसके निकट सम्बन्धियों की पत्नियाँ विधवा एवं असहाय हो जायेंगी। यह अपने आप में अत्यन्त दुर्भाग्य पूर्ण स्थिति ही होगी। अर्जुन का कहना है कि युद्ध तो निस्सार है ही, इसमें विजय के पश्चात् भी प्राप्त होने वाले परिणाम चिंतनीय हैं, क्योंकि इसके द्वारा वह पाप ही अर्जित करेगा। अन्तत: अर्जुन युद्व न करने का निश्चय कर अपने धनुष गांडीव का त्याग कर कहता है कि यदि कौरव युद्ध में उसकी हत्या भी करते हैं तब भी वह शस्त्र नहीं उठायेगा।

गीता के पहले अध्याय का यही सारांश है। प्रथम दृष्ट्या इसमें योग से संबंधित कोई शिक्षा दी जाती ज्ञात नहीं होती। इसीलिए गीता के कुछ व्याख्याकारों का मानना है कि वास्तविक

गीता दूसरे अध्याय में वहाँ से प्रारम्भ होती है, जहाँ कृष्ण अर्जुन को सम्बोधित करना आरम्भ करते हैं। किंतु वास्तव में युद्ध की यह भूमिका सार्वभौम ज्ञान के लिए सर्वदा आवश्यक है। एक उचित भूमिका के अभाव में ही तो वेदों का महत्तर ज्ञान प्राय: अच्छी तरह से नहीं समझा जा सका है।

गीता में युद्ध की भूमिका मानव मन में सतत् रूप से चल रहे सत् और असत् के संघर्ष की भी प्रतीक है। मानव जीवन में प्राय: ऐसे क्षण उपस्थित होते हैं जब भावना के आवेग में मनुष्य संही निर्णय नहीं ले पाते। हृदय और मस्तिष्क के इस असंतुलन की अवस्था में निरपेक्ष सत्य का उपदेश बहुत ही आवश्यक हो जाता है।

गीता की भूमिका युद्ध के औचित्य पर भी प्रश्न चिन्ह उपस्थित करती है। यह प्रश्न उठता है कि क्या 'गीता' युद्ध का समर्थन करती है? यह कहा जा सकता है कि जब ईसामसीह और बुद्ध अहिंसा का उपदेश देते हैं तो श्रीकृष्ण का युद्ध सम्बन्धी वक्तव्य ईश्वरीय ज्ञान कैसे कहा जा सकता है?

यद्यपि ये अलग-अलग युग के प्रतिनिधि हैं किंतु वास्तव में इनकी तुलना ही उचित नहीं है। कुछ गम्भीरता पूर्वक विचार करने पर इसमें निहित शाश्वत् सत्य भी स्पष्ट हो जाता है।

गीता जीवन को उसकी समग्रता में देखती है। यह न तो युद्ध का समर्थन करती है और न ही उसका विरोध। गीता जीवन के निरपेक्ष सत्यों को पूर्ण तटस्थता से प्रकट करती है। कहा गया है कि ईसामसीह, बुद्ध और महावीर भी यदि श्रीकृष्ण जैसी स्थिति में पहुँच होते तो सम्भवत: वे भी अर्जुन को युद्ध के लिए ही प्रेरित करते।

महाभारत में युधिष्ठर के आचरण और जीवन में समता की स्थिति का एक रोचक आख्यान मिलता है। एक बार बनवास काल में जब पानी की खोज में युधिष्ठर के चारों भाईयों को अपने प्राणों का त्याग करना पड़ा तब युधिष्ठर ने पूरी निष्ठापूर्वक "यक्ष" के बोझिल दार्शनिक प्रश्नों का उत्तर दिया। ध्यान देने योग्य है कि युधिष्ठर के सामने ही उनके चारों भाइयों के शव पड़े हुए थे तथा स्वयं युधिष्ठर भी प्यास के कारण मृत्यु के निकट थे, किंतु उन्होनें 'यक्ष' के प्रश्नों का धैर्य पूर्वक सम्पूर्ण क्षमता से उत्तर दिया।

युधिष्ठर से पूछे गये प्रश्नो में एक प्रश्न यह भी था–

'संसार के समस्त रहस्यों में से सबसे बड़ा रहस्य क्या है?

युधिष्ठर ने कहा कि बहुत बार व्यक्ति निरंतर किसी न किसी को मरता देखता है किंतु वह प्राय: यह मान बैठता है कि उसे स्वयं कभी नहीं मरना है।

गीता मृत्यु और मृत्यु के बाद के जीवन रहस्यों भी को उदधाटित करती है। जब मृत्यु जीवन की निरन्तरता को तोड़ने मे असमर्थ है तब मरने वाला और मारने वाला जैसा परिचय ही समाप्त हो जाता है। जब जीवन और मृत्यु विराट सृष्टि रचना और संहार प्रक्रिया के लौकिक संस्करण के रूप में समझ लिये जायेंगें तब इन पर अवसाद अथवा आनन्द की स्थितियाँ भी उत्पन्न नहीं होंगी ।

2
बुद्धि योग

योगस्थः कुरु कर्माणि सङ्गं त्यक्त्वा धनंजय
सिद्ध्य-सिद्ध्योः समोभूत्वा समत्वं योग युच्यते।

(२.४८)

(हे धनंजय, योग में स्थित होकर अनासक्त भाव से कर्म कर और सफलता या असफलता से असंग बन; समत्व की इस स्थिति को ही योग कहते हैं।)

दूसरे अध्याय में भगवान कृष्ण सबसे पहले अर्जुन को उसके कापुरुषत्व के लिए फटकारते हैं जिसने ऐसे कठिन समय में उसे अभिभूत किया हुआ है। अर्जुन एक बार फिर तर्क देता है कि गुरुद्रोण तथा पितामह भीष्म जिनकी कि उसे फूलों से पूजा करनी चाहिए, के ऊपर बाण छोड़ना उसके जीवन की दारुण त्रासदी है। उसका कहना है कि भावावेश से वह इतना अभिभूत है कि वह स्वयं कोई निर्णय ले सकने में समर्थ नहीं है। श्रीकृष्ण उसे अब अपना शिष्य मान लें और उसे सही शिक्षा देकर कर्त्तव्य की ओर अभिप्रेरित करें।

श्रीकृष्ण गीता का संदेश आरम्भ करते हुए कहते हैं– अर्जुन, तुम उन बातों की चिंता कर रहे हो और व्यथित हो जो न तो वास्तविक हैं और न ही सत्य। तथापि तुम तर्क एक निपुण पंडित की तरह दिये जा रहे हो। वास्तव में एक जानकार मनुष्य उसकी चिंता नहीं करता जो बीत चुका है अथवा बीतने जा रहा है। युद्ध भूमि में खड़े योद्धा न तो मरने वाले हैं और न ही तुम्हारी ही वह नियति है। अन्य राजा भी मृत्यु को प्राप्त नहीं होंगे क्योंकि वस्तुतः सभी अमरतायुक्त हैं। एक मनुष्य की मृत्यु एक प्रकार से वैसी ही दूसरी अवस्था है, जिस प्रकार से जीवन में शैशव, युवा अथवा वृद्धा अवस्थाऐं आती हैं। इन सभी अवस्थाओं में संग रहने वाली आत्मा अमर है तथा उसका विनाश किसी के लिए भी सम्भव नहीं है। जो मनुष्य इसे मारने वाला या मरणशील मानता है, उसे वास्तविकता ज्ञात नहीं है। इस प्रकार यह न तो किसी को मार सकता है और न ही मर सकता है। यह अजन्मा, अमर और सर्वदा सनातन है।

"हे अर्जुन जो इसे इस प्रकार से शाश्वत् और अविनाशी मानता है वह कैसे किसी को मार सकता है अथवा स्वयं मारा जा सकता है?"

(२.२१)

श्रीकृष्ण यहाँ एक बहुत ही व्यवहारिक तर्क देते हैं– जब हमारे वस्त्र जीर्ण-शीर्ण हो जाते हैं, तब हम उनके स्थान पर नये वस्त्र धारण कर लेते हैं उसी प्रकार जब हमारा शरीर अशक्त और अनुपयोगी हो जाता है, हमारी आत्मा इसके स्थान पर नया शरीर धारण करती है।

मनुष्य की इस अविनाशी आत्मा को कोई शस्त्र काट नहीं सकता, अग्नि जला नहीं सकती, पानी गला नहीं सकता तथा वायु सुखा नहीं सकती। इसके अव्यक्त होने के कारण इसे किसी प्रकार से प्रदूषित नहीं किया जा सकता। इस तरह से इसे सर्वथा अपूर्व मानते हुए किसी को इसकी चिंता करने की आवश्यकता नहीं है।

दार्शनिक धरातल पर दिये गये श्रीकृष्ण के ये प्रारम्भिक तर्क हैं। अर्जुन को व्यवहार की भूमि पर लाते हुए वे कहते हैं– यदि तुम मनुष्य को पैदा होने वाला और मरने वाला भी मानते हो, तब भी तुम्हें चिन्ता करने का कोई कारण नहीं है। एक बार जो पैदा हुआ है उसकी मृत्यु निश्चित है और जिसकी मृत्यु हो चुकी है उसका पुर्नजन्म भी ध्रुव सत्य है। जन्म के पूर्व प्रत्येक व्यक्ति अव्यक्त स्थिति में होता है तथा मृत्यु के बाद पुन: उसी अव्यक्त अवस्था में पहुँच जाता है । मानव देह में निवास करने वाली शाश्वत् तथा अविनाशी आत्मा कभी समाप्त नहीं होती। अत: तुम्हें किसी के भी लिए पश्चाताप करने की आवश्यकता नहीं है ।

(२.२६-२८)

इसी धरातल पर श्रीकृष्ण का दूसरा तर्क यह है कि चूँकि अर्जुन एक सिपाही है, अत: उसे एक सिपाही के कर्तव्य को नहीं भूलना चाहिए। एक सच्चा सिपाही तो वास्तव में अपनी वीरता के प्रदर्शन के ऐसे अवसर की प्रतीक्षा ही करता रहता है।

यदि अर्जुन युद्ध भूमि से पलायन करता है तो उसे मृत्यु से भी अधिक पीड़ादायक सामाजिक अपमान के घूंट पीने पड़ेगें। अर्जुन को युद्ध में जाने के बाद या तो स्वर्ग प्राप्त होगा अथवा विजयी होने के पश्चात् वह पृथ्वी पर राज्य करेगा। "अत: हे अर्जुन उठ और युद्ध करने का निश्चय कर।"

(२.३७)

श्रीकृष्ण ने अभी तक जो तर्क दिये हैं वे पारंपरिक होने के साथ-साथ सामाजिक व्यवस्था में भी स्वीकृत हैं। इसके पश्चात् वे गीता के केन्द्रीय विषय ज्ञान-योग की स्थापना करते हैं।

यहाँ अर्जुन का प्रश्न हो सकता है कि कृष्ण के उत्तर तो अत्यन्त बौद्धिक हैं। क्या अर्जुन को इस स्थिति में पहुँचने के लिए किसी तैयारी की आवश्यकता नहीं है? क्या इसकी कोई विशेष विधि नहीं है? फिर सुख-दु:ख, स्वर्ग-नरक, प्रेम-घृणा आदि की संसार में इतनी अधिक चर्चा है। यह स्पष्ट है कि मनुष्य इनसे प्रभावित होता है। ज्ञान-योग की शिक्षा इन संदेहों को दूर करने की ही एक स्वभाविक प्रक्रिया है।

श्रीकृष्ण जोर देकर कहते हैं कि योग के इस मार्ग में न तो किसी प्रकार की चेष्टा का ह्रास होता है और न ही इस मार्ग में कोई बाधाऐं हैं। इसका अल्पांश भी महानतम कष्टों से

मुक्ति दिलाता है। असंकल्पशील मनुष्य के विचार तो कई शाखाओं की तरह बिखरे हुए ही होते हैं।

(२-४०)

जो लोग जीवन में केवल फल प्राप्ति के लिए कर्म करते हैं वे वास्तव में भटके हुए हैं। यहाँ तक कि जो कर्म के मूल में स्वर्ग की कामना भी लेकर चलते हैं वे भी सही मार्ग पर नहीं हैं। वस्तु स्थिति यह है कि हमारा अपने कर्मों पर ही नियंत्रण है, फल प्राप्ति हमारी सामर्थ्य से परे है क्योंकि हमारे कर्म अथवा चेष्टा से भिन्न अन्य अनेक कारण इसकी प्राप्ति में महत्वपूर्ण हैं।

श्रीकृष्ण कहते हैं कि मनुष्य को अपने आपको कर्म तक ही सीमित रखना उचित है। कर्म के दौरान फल की आसक्ति से उसे प्रभावित नहीं होना चाहिए। यह भी आवश्यक है कि यह अभ्यास करते हुए उसमें अकर्म की स्थिति भी उत्पन्न न हो। इस स्थान पर श्रीकृष्ण कर्म की उस विशेष विधि को बताते हैं जो प्रत्यके कर्म को कर्मयोग की श्रेणी में पहुँचा सकती है।

"हे धनंजय,योग में स्थित हो आसक्ति से रहित कर्म करो। तुम्हें कर्म की सफलता अथवा असफलता से प्रभावित नहीं होना चाहिए। यह समत्व की स्थिति ही योग कहलाती है।"

(२.४०)

गीता में द्वन्दों के बीच कर्म करते हुए अप्रभावित रहने की प्रक्रिया को आगे के अध्यायों में भी स्पष्ट किया गया है। कर्म करने के पूर्व एक योगी बनने की कृष्ण की शिक्षा का क्या अभिप्राय है? महर्षि महेश योगी इस सम्बन्ध में अपने गीता के भाष्य में एक सुन्दर तुलना प्रस्तुत करते हैं। उनके अनुसार जिस प्रकार एक व्यक्ति को अपनी क्रय शक्ति बढ़ाने के लिए बाजार जाने के पूर्व बैंक जाना पड़ता है, उसी प्रकार एक मनुष्य को कर्म करने के पूर्व आवश्यक ऊर्जा, ज्ञान तथा समत्व भाव को प्राप्त करना आवश्यक है ताकि वह अपने कार्य को कुशलतापूर्वक सम्पन्न कर सके। योग के द्वारा मनुष्य की इन सभी आवश्यकताओं की पूर्ति होती है। यही कारण है कि एक योगी के कार्य अधिक क्षमतायुक्त तथा परिणामोन्मुखी हो जाते हैं।

गीता में फलों के प्रति अनासक्ति तथा निष्काम कर्म का निरंतर उपदेश दिया गया है। कृष्ण उसे परम कृपण कहते हैं जो केवल फल की प्राप्ति के लिए ही कर्म करता है। ऐरो व्यक्ति कर्म के महत्तर अभिप्राय से अनभिज्ञ ही बने रहते हैं। कर्म के इन रहस्यों को जानकर कर्म करने पर मनुष्य के कार्य कर्मयोग बन जाते हैं। इनके द्वारा अधिक शक्ति और अधिक क्षमता के आधार पर अधिक अच्छे परिणाम प्राप्त करने की स्थिति बनती है। ऐसे कर्मयोगी पर अपने कर्म का वांछित फल प्राप्त होने या न होने का प्रभाव नहीं पड़ता। वह अच्छे या बुरे परिणामों से अप्रभावित रहता है। इस प्रकार श्रीकृष्ण अर्जुन से कहते हैं–

"अत: हे अर्जुन, योग की शरण में पहुँच, योग कार्य की कुशलता है"

(२.५०)

यह तर्क दिया जा सकता है कि जब कोई मनुष्य अपने कार्य के प्रति आसक्त नहीं होगा तो उसमें कर्म को करने के लिए आवश्यक भावावेश की कमी होगी तथा इससे उसके कर्म के परिणाम असंतोषजनक हो सकते हैं। जब हम इस कर्मयोग के सिद्वान्त को ठीक से समझ लेते हैं तो यह तर्क निर्मूल सिद्ध होता है। वास्तव में कर्म करने के समय किसी प्रकार का भावावेश मनुष्य में असंतुलन ही लाता है। इससे कर्म के परिणाम प्रभावित होते हैं। इनके अतिरिक्त फल प्राप्ति के पश्चात् का हर्ष अथवा नैराश्य का आवेग भी कार्य क्षमता को ही प्रभावित करता है। इस प्रकार एक योगी कर्म करते हुए अपनी कार्यकुशलता में वृद्धि करता है जबकि सामान्य मनुष्य में कार्यकुशलता घटती जाती है।

श्रीकृष्ण आगे कहते हैं कि हमारा मन संस्कारों और व्यवहार से इतना प्रभावित रहता है कि नानाप्रकार के प्रारम्भिक द्वन्दों के बीच मन की समतापूर्ण स्थिति प्राप्त करना कठिन प्रतीत होता है। किन्तु एक बार इस समत्व की स्थिति के आजाने से मनुष्य वह सहज ही में प्राप्त कर लेता है जिसकी उसे सर्वदा आवश्यकता बनी होती है। इस स्थान पर अर्जुन कृष्ण से पुछते हैं कि मन की समतावस्था का क्या आशय है तथा इसे प्राप्त कर लेने वाला मनुष्य किस प्रकार का व्यवहार करता है? उसके उठने, बैठने, बोलने, चलने आदि की क्या विशेषता है?

कृष्ण उत्तर देते हैं कि जब एक मनुष्य सभी इच्छाओं को छोड़ केवल आत्मा में ही संतुष्ट रहता है तो उसकी स्थिति समत्वपूर्ण कही जाती है। वह सुखों-दुखों, भय और क्रोध से अप्रभावित होता है। वह अच्छे और बुरे प्रारब्ध को समभाव से लेता है। वह राग या द्वेष से संचालित नहीं होता है। जिस प्रकार एक कछुआ सभी अंगों को अपने अन्दर खींच लेता है, उसी प्रकार से एक योगी अपनी सभी इन्द्रियों को समाकृष्ट कर लेता है। यह सही है कि मनुष्य की इन्द्रियाँ मनुष्य के मन को उसकी आत्मा से पृथक खींच ले जाती है। अत: जिस मनुष्य की इन्द्रियाँ उसके अधीन हैं, उसे ही मन की शान्ति प्राप्त होती है।

यह सत्य है कि जिस व्यक्ति ने पूर्व में इस पर विचार नहीं किया है वह कहेगा कि मेरे आस-पास ऐसे बहुत से लोग हैं जो इससे भिन्न रीति का व्यवहार करते हैं। वास्तव में जिस मनुष्य ने अपने मन को अपने नियंत्रण में किया है वह उस रात में जाग रहा है जिस समय सामान्य व्यक्ति सोते हैं तथा वह उस समय सो रहा है जिस समय सामान्य व्यक्ति जागते हैं।

यह एक प्रकार से दृष्टिकोण के परिवर्तन का प्रश्न है। एक योगी और संसारी मनुष्य के बीच के अन्तर को और अधिक स्पष्ट करते हुए श्रीकृष्ण कहते है–

"जिस प्रकार सभी नदियाँ समुद्र में गिरती हैं उसी प्रकार एक मनुष्य की सभी इच्छाऐं उसकी आत्मा में ही विलीन हो जाना चाहिए। तथा इससे उसकी आत्मा को समुद्र की तरह ही अप्रभावित भी रहना चाहिए।"

स्थितप्रज्ञता की इस अवस्था से महात्मा गांधी बहुत प्रभावित थे। उनकी नित्य की प्रार्थना में गीता के इस अंश का पारायण किया जाता था। वास्तव में वे उस समय पूरी तरह से सत्य कथन ही कर रहे थे जब उन्होंने ६ अगस्त, १९२५ के यंग इण्डिया के अंक में लिखा– "जब

मुझे संदेह घेर लेता है, जब निराशा सीधे मेरे चेहरे में झांकती है तथा मुझे आशा की दूर क्षितिज तक कोई भी किरण दिखाई नहीं देती, मैं श्रीमदभागवत् गीता को उठाकर उसके किसी श्लोक की शरण में चला जाता हूँ। इससे मुझमें भयंकर अवसादों के बीच भी सदा एक मुस्कान लौट आती है।''

3

कर्मयोग

प्रकृतेः क्रियमाणानि गुणैः कर्माणि सर्वशः
अहंकार विमूढात्मा कर्ताहमिति मन्यते।

(३.२७)

(समस्त कर्म सब प्रकार से प्रकृति के गुणों द्वारा सम्पादित हो रहे हैं किन्तु अहंकार के बश में व्यक्ति यह कहता है कि मैं करता हूँ)।

दूसरा अध्याय 'ज्ञानयोग' की श्रेष्ठता के प्रतिपादन के साथ समाप्त होता है। अत: अर्जुन इससे अनुमान करता है कि मानव जीवन में कर्म महत्वपूर्ण नहीं है। सम्भवत: मनुष्य बिना सांसारिक दायित्वों के निर्वाह के भी रह सकता है। इसलिए तीसरे अध्याय के आरम्भ में अर्जुन श्रीकृष्ण से पूछता है–

"यदि आपके मत में कर्म से ज्ञान श्रेष्ठ है तो आप मुझे इस हत्या के वीभत्स कृत्य में क्यों प्रत्यायोजित कर रहे हैं? कथन की इस अस्पष्टता के कारण मैं बहुत भ्रमित हो रहा हूँ। अत: कृपा करके मुझे स्पष्ट रूप से बताइये कि मेरा श्रेष्ठ कर्तव्य क्या है?"

(३.२)

श्रीकृष्ण बताते हैं कि संसार में मनुष्यों के लिए दो प्रकार के मार्ग उपलब्ध हैं। जो बुद्धिजीवी हैं उन्हें ज्ञान का मार्ग तथा योगियों को कर्म का मार्ग प्रशस्त माना गया हैं । वास्तव में बिना कर्म किये कोई भी अकर्म की स्थिति को प्राप्त नहीं कर सकता। कर्म का त्याग मनुष्य को किसी निष्कर्ष पर नहीं पहुँचाता। स्वभावत: मनुष्य एक क्षण भी बिना काम किये नहीं रह सकता। वह प्रकृति के द्वारा कर्म करने के लिए प्राय: विवश है। ऐसा मनुष्य जो इन्द्रियों से असंलग्न होकर मन के स्तर पर सक्रिय रहता है, वह मिथ्याचारी ही तो है। दूसरी ओर ऐसे मनुष्य जिनका इन्द्रियों पर मानसिक नियंत्रण है, वे इन्द्रियों के कर्म करते हुए भी कर्मयोगी ही कहलायेंगे। अत: मनुष्य को अपने नियत कर्तव्यों का अवश्य पालन करना चाहिए क्योंकि–

"यदि तुम कर्म शून्य हो जाओगे तो तुम्हारे शरीर का निर्वाह भी असम्भव होगा"।

(३.८)

वे कर्तव्य अथवा कार्य क्या हैं जिनको मनुष्य को आवश्यक रूप से करना चाहिए? गीता ऐसे कर्मों को यज्ञ के रूप में वर्णित करती हैं। गीता में 'यज्ञ' कर्मकाण्ड विषयक विधि विशेष से भिन्न एक व्यापक संदर्भ में प्रयुक्त हुआ है।

प्राचीनकाल में 'यज्ञ' देवताओं को प्रसन्न करने के लिए किये जाते थे। वास्तव में यज्ञ कार्य देवताओं के प्रति एक दायित्व निर्वाह का कृत्य होता था। कृष्ण इसे और अधिक विस्तार देते हैं। उनके अनुसार हमारे सभी कार्य यज्ञ की तरह ही आसक्ति रहित होना चाहिए।

प्रजापति ने मनुष्य की रचना करने के पश्चात् से यज्ञ कार्य निर्धारित करते हुए कहा था–

"इसके द्वारा तुम देवताओं को प्रसन्न करोगे तो वे तुम्हें अनुग्रहीत करेंगे तथा इस प्रकार तुम परस्पर परम् श्रेय के भागीदार बन सकोगे।

(३.११)

श्रीकृष्ण इस सिद्धान्त को आगे स्पष्ट करते हुए कहते हैं– जो केवल अपने लिए ही पकाता है तथा स्वयं ही खाता है वह एक प्रकार से चोर है। मनुष्य का आहार केवल यज्ञ का अवशिष्ट ही होना चाहिए। जीवित प्राणी अन्न और वनस्पतियों पर ही आहार के रूप में निर्भर करते हैं, अन्न वनस्पतियों पर तथा वनस्पतियाँ वर्षा पर निर्भर करती हैं। वर्षा प्रकृति को यज्ञ का अवदान देने पर हुआ करती हैं। यह यज्ञ और उसकी आहुतियों का कर्तव्य कर्म ही हैं। कर्म का भी स्रोत अन्ततः आत्मा ही है और आत्मा अमर है। यदि कोई मनुष्य इस सनातन शृंखला से अनभिज्ञ है तो उसे अंधकार में ही स्थित माना जाना चाहिए।

कृष्ण यहां एक अपवाद का अवश्य उल्लेख करते हैं। उनका कहना है कि सिद्ध महात्माओं के लिए कर्तव्य नियत नहीं किए जा सकते। शेष सभी मनुष्यों के लिए निष्काम रूप से कर्म एक अनिवार्यता है । इस प्रसंग में कृष्ण स्वयं अपना उदाहरण देते हैं। चूंकि श्रीकृष्ण साक्षात् परमात्मा हैं अतः उनके लिए कोई कर्तव्य निर्धारित नहीं है। किंतु संसार में लोग महापुरुषों के बताए मार्ग पर ही चला करते है। अतः यदि वे किसी कर्तव्य का पालन न करेंगें तो अन्य सभी लोग भी काम करना बन्द कर देगें। इससे पूरी सृष्टि की रचना प्रक्रिया ही प्रभावित हो जायेगी।

कर्म के दर्शन में कुछ और गहरे पैठते हुए कृष्ण बताते हैं कि वास्तव में हम कर्म के रहस्य के प्रति अनभिज्ञ हैं। जिन कर्मों को हम अपने द्वारा किया गया बताते हैं वे तो प्रकृति के गुणों के द्वारा सम्पादित हो रहे हैं। यह केवल हमारा अज्ञानता पूर्ण अहंकार ही है कि हम अपने आपको इनका कर्ता मानते हैं । जब कोई इस रहस्य को समझ लेता है तो उन सभी कार्यों को जिनके कि करने का वह श्रेय लेता रहा है, प्रकृति के गुणों के द्वारा सम्पादित मान दिग्भ्रमित नहीं होता। यहाँ यह भी ध्यान देने योग्य है कि एक मनुष्य के लिए अकर्म का विकल्प भी शेष नहीं है।

कर्म करते हुए प्राणी अपनी प्रकृति का ही अनुगमन करते हैं, प्रवर्जना से कुछ नहीं होगा। इसलिए उनका अर्जुन को परामर्श है कि वह निरपेक्ष और अनासक्तिपूर्वक कर्म करे। कृष्ण यहाँ एक महत्वपूर्ण चेतावनी भी देते हैं। कुछ लोग सोचते हैं कि यह या वह कार्य अधिक श्रेष्ठ है। अतः वे कभी-कभी अपने निर्धारित कर्तव्य पालन से कतरा जाते हैं। कृष्ण का कहना है—

"अपने कर्तव्य का पालन सदैव ही वाँछनीय है तथा इसी के द्वारा मनुष्य परम श्रेय का भागीदार बनता है। अपने धर्म (कर्तव्य) को दूसरे के लिए छोड़ना तो भयावह है। दूसरे के कार्य करने के स्थान पर अपना कर्तव्य करते हुए तुम्हें मर जाना भी श्रेयस्कर है।"

(३.३५)

यहाँ पर अर्जुन के सामने एक नया प्रश्न है। "वह क्या है" अर्जुन ने पूछा "जो मनुष्य को बलपूर्वक पापकर्म की ओर प्रयोजित करता है?"

(३.३६)

कृष्ण बताते हैं कि रजोगुण से उत्पन्न काम और क्रोध ही मनुष्य के वास्तविक शत्रु हैं। जिस प्रकार से अग्नि धुऐं से ढकी रह कर अदृश्य हो जाती है, उसी प्रकार ज्ञान कामनाओं से आच्छादित होता है। काम इन्द्रियों, मन और बुद्धि तथा इनके माध्यम से मनुष्य के अन्य महत्वपूर्ण केन्द्रस्थलों में परिव्याप्त रहता है। "इन्द्रियों से परे मन है, मन से परे बुद्धि है तथा बुद्धि से परे यह काम है। इस प्रकार अपनी आत्मा को विवेकतः ज्ञात कर, हे महावाहो, इस काम को पहले समाप्त कर।"

(३.४३)

यहाँ काम का पर्याय इच्छा नहीं है। काम इच्छा की तुलना में अत्यंत सूक्ष्म है। काम के देवता कामदेव को तो शरीर शून्य कहा गया है। वस्तुतः भारतीय वाङ्मय में कामदेव का यह स्वरूप ही इस तत्व को अधिक स्पष्टता से व्याख्यायित कर सकता है ।

4

ज्ञान-योग

न हि ज्ञानेन सदृशं पवित्रमिह विद्यते
तत्स्वयं योग-संसिद्धः कालेनात्मनि विन्दति।

(४.३८)

(इस संसार में ज्ञान से पवित्र कुछ भी नहीं है। एक योगी के लिए यह शीघ्र ही स्वतः प्राप्त हो जाता है।)

चौथे अध्याय के आरम्भ में कृष्ण तृतीय अध्याय के 'कर्मयोग' के संदर्भ में अर्जुन को बताते हैं कि इस योग को उन्होंने सबसे पहले सूर्य को बताया था, जिन्होंने इसे मनु को तथा मनु ने इच्छवाकु को प्रदान किंया। इस प्रकार परंपरा से यह राजर्षियों को ज्ञात रहा किंतु कालान्तर में विलुप्त हो गया था।

"मैंने तुम्हें आज उसी रहस्य-विद्या को पुनः प्रदान किया है क्योंकि तुम मेरे भक्त तथा मुझे बहुत प्रिय हो।"

(४.३)

स्वभावतः अर्जुन प्रश्न पूछता है— "आप तो कुछ वर्ष पूर्व ही पैदा हुए हैं जबकि सूर्य का अविर्भाव तो आदि रहित है। तब मैं यह कैसे समझूं कि आपने इस ज्ञान को सूर्य को प्रदान किया था?"

(४.४)

इस प्रश्न के उत्तर में कृष्ण अवतार के सिद्धान्त की स्थापना करते हैं। अवतार किसी विशेष अभिप्राय से ईश्वर की मानव के रूप में जन्म लेने की एक प्रक्रिया है। भगवान के चौबीस अवतारों में से कृष्ण एक महत्वपूर्ण अवतार हैं। उन्होंने अर्जुन को बताया कि अर्जुन ने पूर्व में अनेक बार जन्म धारण किए हैं किंतु वे उन सभी को जानते हैं "जबकि तुम्हें उनके विषय में कुछ भी पता नहीं है।" आगे वे बताते हैं कि यद्यपि वे अजन्मा और अविनाशी हैं, किंतु वे अपनी प्रकृति में आश्रित होकर देह धारण किया करते हैं। "अर्जुन जब भी धर्म का ह्रास होता है तथा अधर्म की अभिवृद्धि होती है, मैं आविर्भूत होता हूँ।"

(४.७)

यहाँ यह भी स्पष्ट कर दिया गया है कि अवतार का उद्देश्य धर्म परायणों की सुरक्षा और दुष्टों का संहार है ताकि संसार की व्यवस्था में संतुलन कायम हो सके।

भारतीय दर्शन ईश्वर के इस अवतार की परिकल्पना अनेक रीति से करता है। यह पूछा जा सकता है कि जब ईश्वर निराकार और सर्वव्यापी है तब इसको एक नाम और रूप धारण करने की क्या आवश्यकता है? इस प्रकार अवतार की परिकल्पना द्वारा हम एक असीम को ससीम और सर्व शक्तिमान को सीमित शक्ति वाला ही बनाते हैं।

यह सत्य है कि ईश्वर को निराकार, सर्वव्यापी और सर्वशक्तिमान कहा गया है। वास्तव में वह सभी प्रकार की आसक्तियों के इतना ऊपर है कि संसार में अच्छाई के साथ बुराई को भी फैलने के समान अवसर हैं। उसकी दृष्टि में सभी प्राणियों के प्रति समानता का भाव अतिशय विलक्षण है। यद्यपि वह निरपेक्ष है, किंतु उसकी प्रकृति जड़ मशीन की तरह असंवेद्य नहीं है, अत: यदि उसके प्रति भावना पूर्ण अनुराग संप्रेषित् किया जाता है तो उसे समाकृष्ट किया जा सकता है।

अब यह मनुष्य का अपना विकल्प है कि क्या वह एक निरपेक्ष, निराकार ईश्वर को चाहता है जो केवल एक दृष्टा है तथा जिसके दण्ड और पुस्कार का विधान स्वत: संचालित होता है? ऐसा ईश्वर बुद्धिजीवियों को अपने बहुत अनुकूल प्रतीत होता है तथा ऐसे भी अनेक बुद्धिजीवी हुए हैं, जिनका विश्वास रहा है कि आने वाले युग में सगुण साकार ईश्वर के स्थान पर निर्गुण निराकार ईश्वर ही मानव जाति द्वारा मान्य होगा।

किंतु हमारे सामने इसका क्या आश्वासन/समाधान है कि कभी ही सही, हमारी प्रार्थनाऐं स्वीकार होंगी ही? इस प्रकार के सगुण और सापेक्ष ईश्वर की अवधारणा भूतकाल में इतनी प्रभावी रही है कि इसके कारण मानवजाति का न केवल विभाजन हुआ है, अपितु भारी रक्तपात भी हुआ है। तथापि ऐसे विश्वास के महत्व को एकदम कम करके नहीं आंका जा सकता। यह सही है कि एक सगुण व्यक्तिनिष्ठ भगवान सीमित सामर्थ्य वाला होगा किंतु मनुष्य द्वारा उसे प्राप्त कर पाने का इससे बड़ा कोई आश्वासन नहीं हो सकता। हम ऐसा मान सकते हैं कि यदि हमारी मान्यता में ईमानदारी, निष्ठा और गहराई है, तो ईश्वर उसकी पूर्ति के लिए हमारी इच्छा का आकार भी ले लेता है। कृष्ण के अवतार की पृष्ठभूमि के विषय में कहा गया है कि कंस के अत्याचारों से पीड़ित होकर जब पृथ्वी वासियों ने ईश्वर के अवतीर्ण होने की प्रार्थना की तब एक आकाशवाणी (निराकार रूप) के माध्यम से ईश्वर ने आश्वस्त किया कि वह उनकी रक्षा के लिए सगुण आकार लेने जा रहा है।

यह पूछा जा सकता है कि जब अवतार एक मानव देह धारण कर लेता है तथा सांसारिक दायित्वों का निर्वाह करने लगता है तो कर्म विषयक् कार्य और कारण के सिद्धान्त उस पर भी तो लागू होते होंगें? किंतु कृष्ण बताते हैं कि वे इस व्यवस्था से अप्रभावित रहते हैं क्योकि उनमें फलभोग की कोई कामना विद्यमान नहीं है।

यदि अन्य कोई मनुष्य अपने जीवन में इस सिद्धान्त का अनुसरण करता है तो वह भी कार्य कारण शृंखला से मुक्त रह सकता है जैसा कि पूर्व में जनक तथा अन्यान्य योगियों के साथ हो चुका है।

विद्वानों के लिए भी, कृष्ण कहते हैं, यह निर्णय कर पाना बहुत कठिन है कि क्या सही और क्या कार्य गलत है। अत: वे एक सूत्र प्रदान करते हैं—

"जो कर्म में अकर्म और अकर्म में कर्म को देखता है, वही मनुष्यों में बुद्धिमान है तथा वही अपने कर्मों को सम्पन्न कर पाता है।"

(४.१८)

यहाँ पिछले अध्याय कर्मयोग के उस दर्शन को पुन: याद करने की आवश्यकता है, जिसमें कहा गया है कि वास्तविक कर्म तो प्रकृति के गुणों के स्तर पर ही सम्पन्न होता है। यह भी वहाँ बताया गया था कि इन्द्रियों के माध्यम से वास्तविक कर्म का सम्पादन उतना महत्वपूर्ण नहीं है जितना इन कर्मों में मन का संलग्न होना है। यह हमारा अज्ञान ही है कि हम एक अकर्मक आत्मा पर अपने किए गए कर्मों का बोझ डाल देते हैं।

आगे के अध्यायों में यह बताया गया है कि हमारी आत्मा की भूमिका मात्र एक दृष्टा की है किंतु उसे कर्ता मानकर हम एक साक्षी को अपराधिक दण्ड का पात्र बना देते हैं, जिससे उसका कोई वास्ता नहीं होता ।

अत: कृष्ण एक तकनीक देते हैं— जब कोई मनुष्य कार्यरम्भ पर इच्छा अथवा संकल्प से शून्य होता है तो ऐसे कर्म का भार उसकी ज्ञानाग्नि में भस्मीभूत हो जाता है। जिस व्यक्ति ने फल के प्रति आसक्ति छोड़ दी है, उसके द्वारा भौतिक रूप से कर्म करते रहने के बाद भी उसकी कर्म से मुक्ति ही मानी जायेगी । जो मनुष्य न तो किसी वस्तु की कामना करता है तथा अपरिग्रही है, उसके भौतिक कार्यों को कर्म की संज्ञा नहीं दी जानी चाहिए। जो मनुष्य अपनी यथा लाभ स्थिति से संतुष्ट है, जो सुखों और दुखों से अप्रभावित है, जिसके लिए सफलता और असफलता एक है, वह अपने लिए कर्म बन्धनों का निर्माण नहीं करता। कृष्ण ऐसे कर्मों को 'यज्ञ' की संज्ञा देते हैं।

यज्ञ के विधान में होता, अग्नि, आहुति और यज्ञ के देवता की स्थितियाँ होती हैं। एक योगी के संदर्भ में कर्म यदि यज्ञ है तो इसमें होता, अग्नि, आहुति और प्रधान देवता सभी कुछ ईश्वर ही हैं। यहाँ पर यज्ञ का प्रतीक एक गम्भीरतर अर्थ रखता है। हवन सामग्री के अग्नि में जलने से एक योगी के कार्य और कारण के समाप्त हो जाने की स्थिति की व्यंजना होती है। जिसके कर्म बीज भुन गये हों, उनके अंकुरित हो पाने का प्रसंग कहाँ उत्पन्न होता है।

प्रसंगानुकूल कृष्ण यहाँ प्राणायाम की प्रक्रिया का भी वर्णन करते हैं। उनके अनुसार प्राणायाम में परायण लोग अपान को प्राण की तथा प्राण को अपान की अग्नि में आहुति के रुप में डालते हैं।

(४.२०)

योग-दर्शन के प्रणेता महर्षि पातंजलि के अनुसार प्राणायाम प्राण और अपान का प्रथक्करण है। यह हमारा सामान्य अनुभव है कि हमारी श्वसन प्रक्रिया में प्राण और अपान प्राय: सम्बद्ध और अपृथक होते हैं। वास्तव में प्राणायाम की ये दोनों ही परिभाषाऐं अन्तत: एक ही अर्थ

ध्वनित करती हैं। प्राण अथवा अपान एक दूसरे में तब तक आहुति के रूप में अर्पित नहीं किए जा सकते जब तक वे पृथक् न कर लिए गये हों। इस अवस्था की प्राप्ति के लिए प्राणायाम की पूरक, कुंभक और रेचक तीनों ही स्थितियों का परिपूर्ण होना आवश्यक है।

यज्ञ सम्बन्धी विधान की चर्चा करते हुए कृष्ण एक ऐसे गैरपांरपरिक विचार को भी प्रकट करते हैं जो उनके व्यक्तित्व की ही विशेषता हो सकती है। उनका कहना है कि धन, तपस्या,योग, ध्यान आदि सभी प्रकार के 'यज्ञ' हैं किंतु ज्ञानयज्ञ इनमें सबसे श्रेष्ठ है क्योंकि सभी कर्मों का अवसान ज्ञान में ही होता है।

कृष्ण बताते हैं कि ज्ञान गुरु के समक्ष संपूर्ण समर्पण के आधार पर प्राप्त होता है। वास्तविक ज्ञान केवल सिद्ध गुरुओं से ही प्राप्त होता है। एक बार ऐसा ज्ञान प्राप्त हो जाने के बाद सभी प्रकार के विभ्रम समाप्त हो जाते हैं। ऐसा मनुष्य जानता है कि सभी प्राणी सर्वशक्तिमान ईश्वर के ही अंश होने से उससे भिन्न नहीं हैं। ईश्वर की सर्वव्यापकता का यह आभास उसमें सभी प्राणियों के प्रति एकता के भाव की अभिवृद्धि करता है। इससे उसके समस्त पाप छूट जाते है। जिस प्रकार से अग्नि ईंधन को जला देती है उसी प्रकार उसका ज्ञान उसके अशेष कर्मो को जला डालता है।

इससे यह विश्वास किया जा सकता है कि ज्ञान प्राप्त करने का मार्ग गुरु के विकल्प के रूप में योग में उपलब्ध है। तब क्या योग की शिक्षा के लिए किसी गुरु की आवश्यकता नहीं होती? आश्चर्यजनक तौर पर महर्षि पतंजलि योगदर्शन में समाधि सिद्धि के अष्टांग मार्ग के विकल्प के रूप में ईश्वर प्रणिधानता का भी उल्लेख करते हैं।

''ईश्वर प्रणिधानाद्वा''- उक्त सिद्धान्त विषयक् इस सूत्र की कुछ टीकाकार व्याख्या करते हैं कि ईश्वर प्रणिधानता के लिए भी एक तैयारी सर्वथा आवश्यक है। यह सही है कि जब तक ईश्वर की सर्वसमर्थता तथा सर्वोच्चता के प्रति मनुष्य आश्वस्त नहीं हो जाता तब तक समर्पण की उक्त अवस्था की उसे प्राप्ति आसान नहीं है। ऐसी प्रतीति अनुभव और बुद्धि के द्वारा ही संभव है जिसकी प्राप्ति के लिए गुरु की आवश्यकता निर्विवदित है। यद्यपि अपवाद स्वरूप ऐसे अनेक योगी भी हैं जिन्होनें आत्मानुशासन के आधार पर बुद्धत्व को प्राप्त किया है। अत: आगे ही कृष्ण कहते है कि - आत्मानुशासन और आस्था से ज्ञान प्राप्त हो जाता है। ऐसा ज्ञान प्राप्त कर चुकने के पश्चात् वह मनुष्य चिर शान्ति प्राप्त करता है।

एक योगी ज्ञान किस प्रकार से प्राप्त करता है? योग का लक्ष्य आत्मोपलब्धि है। व्यक्ति की आत्मा अनन्त ज्ञान का भंडार है। एक व्यक्ति की चेतना के आत्मा के सम्पर्क में आने से उसकी चेतना का असीमित विस्तार होता है। दूसरे अध्याय में पूर्व में कहा जा चुका है कि ऐसे आत्मज्ञानी के लिए सारे वेदों का ज्ञान वैसा ही रह जाता है जैसा समुद्र के उपलब्ध हो जाने पर एक लोटे का जल।

कृष्ण एक बार पुन: स्पष्ट करते हैं कि जब मनुष्य के कार्य कर्म-योग बन जाते हैं तथा जब उसके सारे संदेह सच्चे ज्ञान से नष्ट हो जाते हैं, वह कर्म करते हुए अपने लिए कोई

बन्धन निर्मित नहीं करता। इस प्रकार यह ''ज्ञानकर्म-सन्यास-योग'' नाम का चौथा अध्याय योग और ज्ञान के इस समन्वय-सूत्र पर समाप्त होता है– ''हे भारत, अपने हृदय में बैठे अज्ञान से उत्पन्न इस संदेह को ज्ञान की तलवार से विच्छित्त कर योग में स्थित होकर खड़ा हो जा।''

(४.४२)

5

कर्म-सन्यास योग

न कर्तृत्वं न कर्माणि लोकस्य सृजति प्रभुः
न कर्मफल-संयोगं स्वभावस्तु प्रवर्तते।

(५.१४)

(ईश्वर इस संसार के लिए न तो कर्ता और कर्म और न हीं कर्म फल के विधान की सृष्टि करता है। यह प्रकृति के द्वारा परिचालित है।)

चौथे अध्याय में भगवान श्रीकृष्ण ने योग के द्वारा कर्म के सन्यास का उल्लेख किया है। इससे अर्जुन को भय उत्पन्न होता है, जिससे वह पूछता है –

"आप एक ओर कर्म-सन्यास की बात करते हैं तथा दूसरी ओर कर्म योग का भी उल्लेख करते हैं। कृपा करके मुझे स्पष्ट तौर पर यह बतायें की इन दोनों में से मेरे लिए श्रेष्ठ क्या है?"

(५.१)

"कर्म-सन्यास तथा कर्म-योग दोनों ही मुक्ति के मार्ग हैं, किंतु कर्म-सन्यास की तुलना में कर्म-योग निश्चित ही श्रेष्ठ है।"

(५.२)

अर्जुन के प्रश्न का इस पूरी स्पष्टता से उत्तर देने के पश्चात् कृष्ण इन दोनों की विशेषताओं का विश्लेषण करने के पूर्व यह भी कह देते हैं कि बुद्धिमान मनुष्यों को इसमें भेद नहीं करना चाहिए क्योंकि इनमें से एक दूसरे का भी फल प्रदान करता है। चूंकि ये दोनों एक ही लक्ष्य का अनुसंधान करते हैं, अतः इनमें ऐक्य देखना ही सही सोच है। तथापि कृष्ण कहते हैं कि यदि कोई व्यक्ति बिना योग के केवल सन्यासी है तो उसका मार्ग कठिन हो सकता है। इसके बिपरीत एक योगी के लिए शीघ्र ही मुक्ति का पथ प्राप्त हो जाता है। एक योगी जिसकी कि आत्मा विशुद्ध है, जिसका अपने मन और इंन्द्रियों के ऊपर नियंत्रण है तथा शेष सभी को एक सार्वभौम परमात्मा के प्रकाश के रूप में देखता है, कर्म करते हुए भी वास्तव में कर्म नहीं कर रहा होता है। वह देखते, सुनते, सूंघते, श्वास लेते, छूते, हिलते, सृजन करते, प्राप्त करते, अथवा देते हुए यही अनुभव करता है कि ये समस्त क्रियायें केवल इन्द्रियों का पारस्परिक आन्दोलन ही है। जब एक मनुष्य अपना कर्म ईश्वर के प्रति कर्तव्य के बोध से करता है, उसके प्रति कोई आसक्ति नहीं रखता, वह उसी प्रकार अलिप्त होता है जिस प्रकार सतत जल में रहते

हुए भी कमल जल से असम्पृक्त रहता है। योगी भी अपने शरीर, मन बुद्धि और इन्द्रियों से कर्म करते हैं, किंतु वे अनासक्त रहते हैं तथा उनका उद्देश्य अपना परिशुद्धीकरण होता है। ऐसे व्यक्ति द्वारा अपने जीवन में शीघ्र शान्ति प्राप्त कर ली जाती है तथा जो योगी नहीं है वह आसक्ति के कारण अपने लिए केवल बन्धन ही निर्मित करता है।

हम सामान्यतया कहा करते है कि ईश्वर हमें यह पुरस्कार या वह दण्ड दे रहा है। हम सोचा करते हैं कि वह संभवत: अनुरोध करने पर हमारे अपराधों को क्षमा कर देगा । यह भी माना जाता है कि ईश्वर ही हमें विभिन्न प्रकार के कर्मों के लिए प्रेरित करता है तथा अपनी ओर से स्वतंत्र रूप से कुछ कर पाने की इच्छा शक्ति हमारी नहीं होती है। कृष्ण इनविचारों को असंगत ठहराते हुए कहते हैं—

"ईश्वर ने न तो कर्ता, न कर्म और न हीं कर्मफल का निर्माण किया है। वे तो हमारे जीवन के एक हिस्से के रूप में साथ हैं। ईश्वर किसी को पुरष्कृत अथवा दंडित भी नहीं करता। वास्तव में ज्ञान के अज्ञान से आवृत होने के कारण ही मनुष्य दिग्भ्रमित होते हैं।''

(५/१४-१५)

यह प्रश्न महत्वपूर्ण है कि हमारे जीवन निर्माण में भाग्य अथवा भगवान की क्या भूमिका है? यहाँ तक कि जो अपने आपको अपने भाग्य का स्वामी मानते हैं, स्वयं नहीं जानते हैं कि यह निष्कर्ष उन्होंने कैसे ज्ञात किया है। वास्तव में हमारे जीवन को प्रभावित करने वाली स्थितियाँ अनेक हैं जैसे:- परिवार, समाज, राष्ट्र, प्रकृति, ग्रह, नक्षत्र आदि किंतु स्वतंत्र इच्छा और भाग्य ये दो श्रेणियां इनमें प्रमुख हैं। दार्शिनिक इन दोनों के योग के अनुपात के निर्धारणा का प्रति व्यक्ति में प्राय: असमर्थ रहते हैं। यह तो कहा जा सकता है कि प्रति व्यक्ति के निर्माण में इन दोनों का होने वाला योग अलग-अलग प्रकार का होगा किंतु इसका क्या कोई फार्मूला अथवा सिद्धान्त भी है? जब हम जीवन को एक निरन्तरता के रूप में स्वीकार करते हैं तो कृष्ण का कथन बहुत विश्वसश्नीय लगता है। यदि इस सिद्धान्त को हम प्राणीमात्र पर भी लागू कर देते हैं तब भी इसे सही सिद्ध पाते हैं। प्रकृति के नियम प्राय: यांत्रिकी दृढ़तायुक्त हैं तथा जब कभी हम इनमें कोई अपवाद देखते हैं तो कुछ अन्तर्निहित सूक्ष्म सिद्धान्तों की अनदेखी कर जाते हैं।

कृष्ण कहते हैं कि इस प्रकार समझ लेने पर जब एक व्यक्ति का अज्ञान तिरोहित होता है, उसमें सूर्य की भांति ज्ञान प्रकाशित होता है, जिसकी सहायता से वह उस स्थान को प्राप्त करता है जहाँ से उसकी वापसी नहीं होती। यह कहा जा सकता है कि वास्तविक ज्ञान का प्रकाश एक मनुष्य के लिए कार्य और कारण की शृंखला को भी समाप्त कर देता है क्योंकि तब उसके कर्म बन्धनकारी नहीं रह जाते।

इस प्रकार से ज्ञानोपलब्ध व्यक्ति का व्यवहार कैसा होता है? वह प्रत्येक प्राणी को समदृष्टि से देखता है चाहे वह विद्वान मनुष्य हो अथवा एक गाय, हाथी, कुत्ता या चाण्डाल। वह यह अच्छी प्रकार से समझता है कि ईश्वर ही सभी प्राणियों में विविध रूपों में अभिव्यक्त और प्रकट है।

जब उसे कुछ प्रिय प्राप्त होता है तब उसमें सुख का उन्माद नहीं आ जाता तथा जब उसे कुछ अप्रिय प्राप्त होता है तब वह दुखी नहीं होता क्योंकि उसकी बुद्धि, ज्ञान के प्रकाश से आलोकित हो उठती है। वास्तव में उसका आनन्द स्थायी है। वह इसे अच्छी तरह से समझता है कि इंद्रिय जनित सुख अस्थायी हैं तथा एक बुद्धिमान व्यक्ति को उसमें खोना नहीं चाहिए। वह सारे आनन्द का स्रोत अपने अन्तस में देखता है तथा वह सदैव संतुष्ट ही रहता है। वह लोगों को अच्छी और बुरी श्रेणियों में विभाजित नहीं करता। वह सभी के कल्याण के लिए समान रूप से चिंतित रहता है। स्वभावत: उसके सभी पाप नष्ट हो जाते हैं और वह आत्मज्ञान प्राप्त करता है।

अज्ञान से मुक्ति के लिए 'योग' किस प्रकार से सहायता करता है?

यहाँ पर श्रीकृष्ण एक महत्वपूर्ण विधि समझाते हैं। जिस मनुष्य का मन और बुद्धि, ज्ञान के महत्तर उददेश्य की ओर प्रेरित हैं तथा जिसमें इच्छा, भय, क्रोध नहीं है, जो अपने को अपते भीतर केन्द्रित करता है तथा प्राण और आपान में समत्व स्थापित कर भ्रुवोंमध्य में स्थिर होता है वह सदा के लिए मुक्त है। इस प्रकार के अभ्यास से उसे पता चलता है कि एक ईश्वर ही सभी प्राणियों के समस्त कर्मों को पूर्ण करता है तथा वही सभी की करुणापूर्ण चिंता भी करता है। इसके द्वारा उसके जीवन में सम्पूर्ण शांति प्राप्त हो जाती है।

दोनों आँखों के बीच (भ्रुवोर्मध्य) ध्यान केन्द्रित करने का क्या अभिप्राय है? दोनों आँखों के मध्य 'आज्ञाचक्र' नामक षष्टम योग केन्द्र स्थित है। यहाँ पर इड़ा,पिंगला एवं सुषुम्ना नाम की तीन नाड़ियाँ मिलती हैं। यह केन्द्र अतीन्द्रिय दृष्टि सम्बन्धी तीसरी आँख से भी सम्बन्धित है।

कुछ योगी बताते हैं कि प्रारम्भिक दो योगचक्रों मूलाधार और स्वाधिष्ठान के अनुभवों के आधार पर योग सम्बन्धी प्रगति के प्रति आश्वस्त हो पाना कठिन है। वास्तविक अनुभव तृतीय मणिपूर चक्र से प्रकट होते हैं। सामान्यतया इन चक्रों के अनुभवों से कुछ निष्कर्ष निकाल पाना आसान नहीं है तथा एक समर्थ मार्गदर्शक के अभाव में कुछ भ्रान्तियाँ भी उत्पन्न हो सकती हैं।

व्यवहारिक दृष्टि से भी भ्रुवोंमध्य की तुलना में अन्य किसी स्थान पर ध्यान केन्द्रित करना इतना आसान नहीं है। दोनों आँखों के मध्य ध्यान केन्द्रित करने के पूर्व आँखे बन्द करना आवश्यक है। वास्तव में कोई भी ध्यान बिना आँखों के बन्द किये सम्भव नहीं है। यदि कोई मनुष्य बाहर की तरफ ध्यान केन्द्रित करता है तो उसको भटकते ही रहने के अधिक अवसर विद्यमान होते हैं।

'योग' की त्राटक क्रिया में भी बाहर देखी गयी ज्योति में आंतरिक एकाग्रता अधिक महत्व रखती है। शाम्भवी मुद्रा की स्थिति में बैठकर इस अभ्यास में अधिक सफलता प्राप्त की जा सकती है। इस मुद्रा में एक योगी अपनी आँखों को बन्द करके आंतरिक तौर पर ऊपर की ओर वहाँ देखता है जो तीसरी आँख के खुलने का स्थान है। इस अनुभव की प्राप्ति के

लिए किसी प्रकार के सुझाव की आवश्यकता नहीं होती। इस प्रकार के सुझाव के द्वारा स्वाभविक विकास के मार्ग के अवरुद्ध होने की ही सम्भावना है।

कृष्ण यहाँ प्राण और अपान के समत्व की भी बात करते हैं। इसका आशय यह है कि प्राण और अपान के वेग में साधारणत: कुछ विषमता आ जाती है। प्राण और अपान क्रमश: श्वास और निश्वास मात्र ही नहीं है। कुण्डलिनी जाग्रति के लिए अपान महत्वपूर्ण है क्योंकि योग के अभ्यास के आधार पर उद्बुद्ध होकर यही कुण्डलिनी को ऊर्ध्वमुखी बनाता है। जब योगी के द्वारा योग की वाँछित प्रगति प्राप्त कर ली जाती है तो मूल से अपान तथा शीर्ष से प्राणवायु आज्ञाचक्र में केन्द्रित होकर परस्पर मिल जाती हैं।

इस प्रकार 'गीता' का पांचवा अध्याय कर्म सन्यास के द्वारा ''कर्मयोग'' में समाप्त होता है। परंपरा से कर्म और सन्यास पृथक माने गये हैं किंतु कृष्ण इन्हें अद्भुत रीति से परस्पर सम्बद्ध कर देते हैं।

6

आत्म-संयम योग

पार्थ नैवेह नामुत्र विनाशस्तस्य विद्यते
न हि कल्याणकृत् कश्चित् दुर्गतिं तात गच्छति।

(६.४०)

(पार्थ, एक कल्याण-मार्गी का न तो इस लोक और न ही परलोक में एक विनाश संभव है।)

कर्मयोग और सन्यास के एकत्व की चर्चा का समाहार करते हुए कृष्ण दोनों के लिए एक मापदण्ड प्रदान करते हैं। उनके अनुसार यदि कोई मनुष्य फल पर आश्रित हुए बिना अपना कर्तव्य करता है तो वह सन्यासी और योगी दोनों है। जिसने अग्नि का परित्याग कर दिया है, उसे सन्यासी कहना तथा जिसने कर्म का त्याग कर दिया है, उसे योगी कहना गलत है। कृष्ण द्वारा प्रदान की गई यह धारणा अभिनव है। आगे कृष्ण पुन: इनके ऐक्य का आधार प्रस्तुत करते हुए कहते हैं कि इच्छाओं से सन्यास के बिना कोई योगी होने का दावा कर ही नहीं सकता।

यहाँ यह स्मरण करने योग्य है कि परंपरा से सन्यास संसार से सम्बन्धित वस्तुओं के परित्याग को माना जाता था। अग्नि का त्याग ऐसे जीवन यापन की चरम परिणति है। दूसरी ओर योग का आशय सभी कर्मों के त्याग से था जिसका परिणाम निष्कर्मता हो जाना स्वभाविक था। इस प्रकार पारंपरिक योगी एक प्रकार से सन्यासियों का ही अनुसरण करते हुए कर्मों के त्याग पर जोर देते थे। कृष्ण इन दोनों धारणाओं की सीमाओं को रेखांकित करते हुए इनका कुशलता पूर्वक समन्वय स्थापित करते हैं। उनके अनुसार मनुष्य योग के लक्ष्य को कर्म की सीढ़ियों के माध्यम से ही प्राप्त करता है। योग की इस स्थिति में स्थिर रहने के लिए इच्छा शून्यता आवश्यक है। अंतिम अवस्था ऐन्द्रिक विषयों और कर्मों से पूर्ण सन्यास की है। कृष्ण के अनुसार निश्चित ही योग सन्यास की तुलना में श्रेष्ठतर है।

यहाँ ऐसा प्रतीत हो सकता है कि इस स्थिति को प्राप्त करना इतना आसान नहीं है तथा इसे प्राप्त करने के लिए जो विधि और मार्ग है वह बहुत रहस्यपूर्ण होगा। किंतु कृष्ण वास्तव में यहाँ एक व्यवहारिक मनोविज्ञान ही प्रदान करते हैं। एक मनुष्य के लिए अभीष्ट केवल अपने मन को बाहरी पदार्थों से समाकृष्ट कर अन्तर्मुखी करना है। अपनी स्वभाविक गति के कारण मन सांसारिक पदार्थों में इधर से उधर भागता है, किंतु इसे आत्मस्थ शाश्वत् आनन्द की ओर

बार-बार खींचना आवश्यक है। इस अनुभव के पश्चात् ऐसा मनुष्य (योगी) सभी प्राणियों में अपनी आत्मा तथा अपनी आत्मा में सभी प्राणियों को स्थित देखता है। "जो मुझे सभी प्राणियों में स्थित देखता है, वह कभी मुझसे तथा मैं उससे अदृश्य नहीं होता।"

(६.३०)

अर्जुन को यहाँ एक संदेह है। क्या मन को नियंत्रित कर शाश्वत आनन्द प्राप्त कर लेना इतना आसान है? वह पूछता है–

"कृष्ण मन की चंचलता को ध्यान में रखते हुए मुझे इस योग की स्थिति को प्राप्त कर पाना आसान प्रतीत नहीं होता। मन बहुत अस्थिर और दुराग्रही है। मुझे तो उसका नियंत्रण वायु के समान कठिन प्रतीत होता है।"

(६.३३)

कृष्ण स्वीकार करते हैं कि मन चंचल है, किन्तु अभ्यास और वैराग्य से इस पर नियंत्रण किया जा सकता है।

योग दर्शन के योग-सूत्र (१.१२) में महर्षि पतंजलि ने भी लगभग यही बात कही है–

"अभ्यास - वैराग्याभ्यांतुतन्निरोध: "

अर्जुन को पुन: एक और संदेह उत्पन्न होता है। क्या एक ही जीवन में मनुष्य मन के इस प्रकार से नियंत्रण के द्वारा पूर्ण योगी बन सकता है? उसे डर है कि कहीं वह एकाकी 'विच्छिन्न बादल' की तरह विनष्ट तो नहीं हो जाता।

कृष्ण ने कहा कि मनुष्य का वास्तविक मित्र और शुत्र तो उसकी अपनी आत्मा ही है। जिसने अपने आप पर नियंत्रण किया हुआ है उसकी आत्मा मित्र और जिसका अपने आप पर कोई नियंत्रण नहीं है, उसकी आत्मा शत्रु है। ऐसे नियमित चित्त वाला व्यक्ति अपने आपको शीत-उष्ण, सुख-दु:ख, सम्मान-असम्मान आदि द्वन्दों के मध्य सम रखता है।

योग से संबंधित विभिन्न विचारक और साधक गीता में वर्णित योग की विधाओं को ज्ञात करने की चेष्टा करते रहे हैं किंतु चूंकि गीता योग की विधि के स्थान पर एक योगी के व्यवहार का ही वर्णन करती है अत: उन्हें प्राय: निराशा हुई है। पारंपरिक आधार पर योग का आशय अष्टांग-योग रहा है जिसकी प्राप्ति के लिए विशेष शारीरिक और मानसिक अभ्यास आवश्यक है। योग के इन "अनुशासनों" पर कृष्ण क्या कहते हैं?

महर्षि पतंजलि से भिन्न श्रीकृष्ण योगी के लिए यम, नियम, आसन, प्राणायाम, प्रत्याहार, धारणा, ध्यान और समाधि आदि आठ सीढ़ियों को विनिर्धारित नहीं करते। अंतरंग साधन के रूप में अवश्य वे योगी के लिए एकान्त पवित्र स्थान पर ध्यान करने की प्रक्रिया बताते हैं। यह स्पष्ट है कि योगमार्ग में श्रीकृष्ण का ध्यान के ऊपर आग्रह विशेष है। यहाँ तक कि आसन, मुद्रा और एकाग्रता के लिए नासाग्र पर ध्यान का केन्द्रीकरण आदि प्रक्रियायें भी एक जाग्रत योगी के संदर्भ में बताई गई हैं। वह इस प्रकार 'मुझमें स्थित संपूर्ण आनन्द से युक्त शाश्वत शांति प्राप्त करता है।'

हठयोग के पारंपरिक योगोपदेशकों से भिन्न कृष्ण शारीरिक स्तर पर किसी भी कठोर अभ्यास का परामर्श नहीं देते। उनके अनुसार एक योगी को अपने आहार, विहार और भोजन में संतुलिन होना चाहिए। इस अभ्यास के आधार पर एक योगी द्वारा प्राप्त शान्ति की स्थिति की तुलना वे वायु रहित स्थान पर स्थिर दीप-ज्योति से करते हैं।

"इस अवस्था में जब आत्मा परमात्मा में संविलीन होती है तो उसके लिए इससे महत्तर कोई उपलब्धि शेष नहीं रह जाती तथा महानतम बाधायें भी उसे बिचलित नहीं करतीं।"

(६.२२)

कृष्ण का आश्वासन बेजोड़ है। उनके अनुसार ऐसे योगी के लिए कोई पराभव नहीं है। यदि वह पश्चात् इस पथ से च्युत (योग-भृष्ट) भी हो जाता है तब भी उसकी यात्रा की निरन्तरता टूटती नहीं है। वह अगले जीवन तक यथावत बनी रहती है। नया जीवन उसे एक ऐसे उपयुक्त परिवार में ही मिलता है जहाँ से उसकी यात्रा का क्रम अटूट रहे तथा वह कालान्तर में इस दिशा में परिपूर्णता प्राप्त कर सके।

कृष्ण इस अध्याय का समापन एक योगी की तपस्वी, ज्ञानी और कर्मयोगी की तुलना में श्रेष्ठता के प्रतिपादन से करते हैं। तथापि उनका यह भी कहना है कि सर्वोत्तम योगी तो वह है जिसने अपने आपको "मेरे प्रति समर्पित कर दिया है।" गीता के योग का यह केन्द्रीय स्वर अभिनव है। योग यहाँ एक नास्तिक दर्शन के स्थान पर संपूर्ण सकारात्मक शक्ति है।

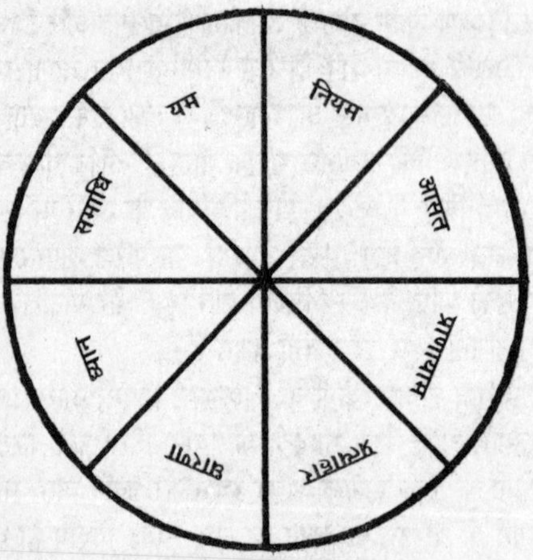

आत्म-संयम योग

7

सृष्टि-संरचना का विज्ञान

वेदाहं समतीतानि वर्तमानानि चार्जुन
भविष्याणि च भूतानि मांतु वेदन कश्चन।

(७.२६)

(अर्जुन, मैं सभी प्राणियों के भूत, वर्तमान और भविष्य को जानता हूँ किन्तु मुझे कोई भी नहीं जानता है ।)

छठे अध्याय में श्रीकृष्ण ने अर्जुन को यह स्पष्ट कर दिया है कि योगियों में भी श्रेष्ठ वह व्यक्ति है जिसका ध्यान ईश्वर में केन्द्रित है। अब इस सातवें अध्याय में कृष्ण उस ईश्वर के निराकार और साकार दोनों ही रूपों का वर्णन करते हैं। वे अर्जुन को यह भी स्पष्ट करते हैं कि इस ज्ञान को प्राप्त करने के बाद मनुष्य को और कुछ जानना शेष नहीं रहता।

ईश्वर परा और अपरा दोनों ही प्रकृतियों का स्वामी है। अपरा प्रकृति पृथ्वी, जल, अग्नि, आकाश, मन, बुद्धि और अहंकार से विनिर्मित है। परा प्रकृति जीव रूप में समस्त संसार को धारण करती है। ये दोनों ही प्रकृतियां मूलत: उस एक परमेश्वर का ही उपादान हैं तथा वही एक माला के सूत्र की तरह विविध नाम और रूप वाले इस संसार को भी जोड़ता है।

यहाँ कृष्ण अपने उन बिबिध रूपों में अपनी विभूतियों का भी वर्णन करते हैं जिन्हें वे स्वीकार करते हैं। वे जल में रस, सूर्य और चन्द्रमा में प्रकाश, आकाश में शब्द और मनुष्यों मे पुसंत्व हैं। वे सभी प्राणियों का सनातन बीज, बुद्धिमानों की बुद्धि और ऐश्वर्य की ईश्वरता हैं।

कृष्ण बताते हैं कि प्रकृति के तीनों गुण—सत्व, रजस और तमस उन्हीं से उत्पन्न हुए हैं तथापि ये स्वयं इन गुणों से परे अवस्थित हैं। सामान्यतया मनुष्य अज्ञान के कारण वास्तविक और परिकल्पित में भेद नहीं कर पाता। संसार में ईश्वर और प्रकृति का यथार्थ बोध ही वास्तविक उपलब्धि है।

यह ज्ञान कैसे प्राप्त होता है?

अध्याय 'चार' में कृष्ण ने कहा है कि संसार में ज्ञान से पवित्र कुछ भी नहीं है तथा यह ज्ञान योग से प्राप्त होता है। कृष्ण वर्तमान संदर्भ में उनकी भी चर्चा करते है जो उन्हें नाना रूपों और भावों में पूजते हैं। उनके अनुसार इस प्रकार के लोग चार श्रेणियों में बांटे जा सकते हैं— आर्त, जिज्ञासु, अर्थार्थी तथा ज्ञानी। इनमें से अंतिम जो कि ईश्वर के साथ अपने ऐक्य की

स्थापना करता है, ईश्वर के अधिक निकट है तथा ईश्वर की अनन्य कृपा का पात्र है। वह केवल एक ईश्वर के प्रति ही समर्पित नहीं है, बल्कि संसार के समस्त चराचर पदार्थों तक उसका विस्तार करता है क्योंकि वह सबको एक ईश्वर की ही अभिव्यक्ति मानता है।

यह प्रश्न उठ सकता है कि यदि एक मनुष्य इस या उस देवता की आराधना करता है तो इसमें क्या त्रुटि है? कृष्ण की व्याख्या यहाँ अत्यधिक मनोवैज्ञानिक है। सामान्य संसारी मनुष्य संसारिक इच्छा से परिचालित रहता है। अत: वह ऐसे देवताओं की अभ्यर्थना करना चाहता है जो उसकी लोकेषणाओं कि प्रतिपूर्ति में सहायक हों। यह सत्य है कि इन देवताओं के माध्यम से इन इच्छाओं की पूति भी परम् ब्रह्म ही करता है, किन्तु यह संतोष क्षणिक ही होता है। साथ ही साथ इस प्रकार की इच्छापूर्ति से कारण और कार्यों की शृंखला का विस्तार होता है तथा वास्तविक ज्ञान के आधार पर एक ईश्वर की प्राप्ति दूर छूट जाती है।

मनुष्य को ईश्वर से पृथक कौन कर रहा है?

गीता के अनुसार वस्तुत: वह इच्छा ही है जो मनुष्य को ईश्वर से पृथक् करती है तथा उससे ही उत्पन्न प्रकृति से उसे आबद्ध करती है। वह भूल जाता है कि ईश्वर सर्वज्ञाता, सर्वशक्तिमान और सर्वव्यापक तथा सभी प्रकार के लक्षणों से परे है। मनुष्य उसे अपनी समझ और बुद्धि का ही नाम और रूप दे सकता है। किसी देवता विशेष की आराधना तो सदैव एक पक्षीय ही है। पूर्ण ब्रह्म का ज्ञान तो सभी पक्षों के समन्वित बोध के आधार पर ही हो सकता है। गीता के अनुसार इस मार्ग पर चलकर ही मनुष्य जरावस्था तथा मृत्यु की पीड़ा से छूटकर मुक्ति के पथ पर प्रयाण करता है।

यहाँ यह उल्लेख महत्वपूर्ण है कि पृथ्वी पर ईश्वर के अस्तित्व तथा उसके मनुष्य एवं संसार से सम्बन्ध विषयक् भ्रान्तियां ईश्वर के प्रति एक पक्षीय धारणा के कारण ही उत्पन्न हुई हैं। स्वभावत: मनुष्य ईश्वर को अपनी मानवीय परिकल्पना अथवा दृश्य संसार के भौतिक धरातल के अनुरूप ही ढाला करता है। संसार में सभी कुछ अच्छी और बुरी श्रेणियों (देव और दैत्य आदि) में बांट देने की धारणा तथा यह मानना कि ईश्वर केवल अच्छे लोगों का अधीश्वर है, उचित नहीं है।

कृष्ण इस संदर्भ में एक बार पुन: अपनी उस परमेश्वरता का उल्लेख करते हैं जो उनके द्वारा सीमित मानव देह धारण कर लेने के बाद भी अप्रभावित रहती है। किंतु चूंकि वे अपनी योगमाया से समाव्रत रहते हैं, उन्हें तद्‌रूप स्वीकार नहीं किंया जाता। इस अज्ञान, विभ्रम का क्या कारण है?

कृष्ण कहते हैं कि इच्छा और द्वेष आदि की द्वैत बुद्धि ही इसके मूल में है।

श्री सत्य सांई बाबा ने मनुष्य और ईश्वर की तुलना में एक बहुत सुन्दर सूत्र प्रदान किया है। उनके अनुसार मनुष्य ऋण इच्छा बराबर ईश्वर तथा ईश्वर धन इच्छा बराबर मनुष्य है। वस्तुत: एक मनुष्य ईश्वर ही है किंतु यह इच्छा ही उसे ईश्वर से पृथक कर अपने अप्को ईश्वर न जानने के अज्ञान में आव्रत करती है।

मनुष्य और ईश्वर के बीच की यह पतली विभाजक रेखा दूरियों का एक संसार खड़ा कर देती है। ईश्वर को जीव के भूत, भविष्य और वर्तमान का संपूर्ण ज्ञान होता है जबकि मनुष्य इससे अनभिज्ञ है। उसे स्वयं, संसार तथा आत्मा के अस्तित्व का भी संपूर्ण ज्ञान है। उसका यह ज्ञान उसे इन सबसे परे ले जाता है, जबकि मनुष्य अपनी इच्छा और परिकल्पना के कारावास में ही निवास करता है।

तथापि कृष्ण का आश्वासन है कि इस इच्छा के कारण मनुष्य नर्क की सनातन स्थिति में रहने को ही अभिशप्त नहीं है। इस सीमा से ऊपर उठ पाने तथा परम् ब्रह्म से एकत्व प्राप्त कर पाने की उसकी सुनिश्चित क्षमता है।

8

अक्षर-ब्रह्म

ओमित्येकाक्षरं ब्रह्म व्याहरन् मामनुस्मरन

यः प्रयाति त्यजन् देहं स याति परमांगतिम्।

(८.१३)

(अक्षर-ब्रह्म ॐ का जप और मेरा स्मरण करते हुए जो इस शरीर का त्याग करता है वह परमोच्च लक्ष्य को प्राप्त करता है।)

अष्टम अध्याय को "अक्षर-ब्रह्म-योग" कहा गया है क्योंकि उसमें ईश्वर के अपरिसीम स्वरूप का वर्णन किया गया है। सातवें अध्याय में श्रीकृष्ण ने ईश्वर की कुछ विभूतियों का उल्लेच्ख किया है। यहाँ अर्जुन ब्रह्म, अध्यात्म, कर्म, अधिभूत, अधिदैव और अधियज्ञ आदि की परिभाषा जानने के साथ-साथ कृष्ण से यह समझना चाहता है कि मृत्यु के समय ईश्वर प्राप्ति का क्या उपाय है?

श्रीकृष्ण के अनुसार परमोच्च सत्ताब्रह्म ही अक्षर है, मनुष्य की आत्मा अध्यात्म है तथा भूतों के भाव को उत्पन्न करने वाला जो त्याग है, वह 'कर्म' है। नाशवान पदार्थ जगत अधिभूत है, अधिदेव देवता हैं तथा शरीर में दृष्टा और भोक्ता के रूप में स्थित ईश्वर अधियज्ञ है। यहाँ यह संकेत भी है कि अधिभूत और अधियज्ञ भी ईश्वर से भिन्न नहीं है। इन्हें केवल अर्जुन के प्रश्न के उत्तर को ही अधिक सुस्पष्ट करने के लिए पृथक दर्शाया गया है।

अर्जुन का अंतिम प्रश्न जो मृत्युकाल की उपासना से सम्बान्धित है, वस्तुतः उतना दार्शनिक नहीं है। इस प्रश्न के उत्तर के माध्यम से कृष्ण अर्जुन को कुछ महत्वपूर्ण योग-विधियाँ प्रकट करते हैं जिनके द्वारा इस महत्वपूर्ण जीवन काल को श्रेष्ठतम रीति से उपयोग में लाया जा सकता है। यह कहा गया है कि मृत्यु के अनन्तर जीवन की बहिर्मुखी चेतना पूरी तरह से विलुप्त होने की प्रकिया में मनुष्य बड़ी पीड़ा के दौर से गुजरता है। परिणामस्वरूप कोई भी मनुष्य चाहे वह कितना ही बड़ा भक्त क्यों न रहा हो, मृत्युकाल में ईश्वर को भूल जाता है। यह अपने आप में बड़ा ही दुर्भाग्य है क्योंकि यहीं पहुंचकर उसकी अगली जीवन की दिशा निर्धारित होती है। वास्तव में यह मनुष्य के जीवन की कठिनतम परीक्षा की घड़ी है तथा उसकी जीवन भर की साधना प्रायः इसी एक क्षण के लिए होती है।

अर्जुन के प्रश्न का कृष्ण द्वारा दिया गया उत्तर निश्चित और सटीक है। अर्जुन का प्रश्न था कि जिन्होने आत्मसाक्षात्कार किया है उनके द्वारा मृत्युकाल में ईश्वर कैसे प्राप्त किया जा सकता है?

यहाँ ऐसा लग सकता है कि अर्जुन का विचार संभवत: यह है कि मृत्युकाल में ईश्वर प्राप्ति की चेष्टा का विधान पृथक है तथा यह कि संभवत: यहाँ मनुष्य की अपनी चेष्टा के स्थान पर ईश्वर की व्यवस्था ही विशेष महत्व रखती है। कृष्ण के द्वारा प्रयुक्त समान शब्द "अंतकाल में तो" इसी तथ्य पर जोर देते हैं कि चाहे मनुष्य की इस प्रकार की जीवन भर की प्रकृति रही हो अथवा यह मात्र मृत्युकाल में ही घटित हो रहा हो, परिणाम इसका समान है—ईश्वर प्राप्ति। इस प्रकार अगले जीवन के स्वरूप निर्धारण का यह सिद्धान्त बहुत स्पष्ट है। जिन विचारों को लेकर मनुष्य अपनी वर्तमान देह का त्याग करता है, अगले जीवन में वह उन्हें ही प्राप्त करता है । कृष्ण इस बात से सहमत है कि एक मनुष्य को मृत्युकाल में वे ही विचार आते हैं जिनका उसने आजीवन परिपोषण किया है। अत: कृष्ण का अर्जुन को परामर्श है— "सभीकाल में मेरा स्मरण करते हुए युद्ध कर"।

यह पूछा जा सकता है कि यदि गीता एक योग प्रधान ग्रन्थ है तो इसमें योग-शास्त्र के अन्य ग्रन्थों की भांति कोई विधि,प्रकिया या तकनीक क्यों नहीं बताई जाती? वास्तव में गीता में छठे अध्याय के १३ और १४ तथा आठवें अध्याय के १०, १२ और १३ श्लोकों में ही कृष्ण ने इस प्रकार की दो विशेष विधियों का उल्लेख किया है। छठे अध्याय की योग-विधि जीवन काल तथा आठवें अध्याय की तकनीक अगले जीवन की सिद्धि से सम्बन्धित है।

कृष्ण के अनुसार— "मृत्युकाल में योगवल के आधार पर प्राण को भूवोर्मध्य में स्थिर कर, स्थिर चित्त से परमेश्वर का भक्तिपूर्वक ध्यान करते हुए मनुष्य उस दिव्य पुरुष को प्राप्त करता है।"

(४.१०)

इस योग-विधि की श्रेष्ठता उस समय स्पष्ट रूप से रेखांकित होती है, जब श्रीकृष्ण बताते हैं कि जो परम ज्ञान वेदों के अध्ययन्, वितरागता, तप अथवा ब्रह्मचर्य की साधना से प्राप्य है, वही प्रयाण-काल की इस साधना से भी उपलब्ध होता है।

"इन्द्रियों के सभी द्वार बन्द कर" वे बताते हैं "मन को हृदय में और प्राण को शीर्ष में स्थिर करते हुए परमेश्वर के ध्यान में केंन्द्रित जो मनुष्य ॐ उच्चारण करते हुए मेरे परमतत्व में संलग्न अपना शरीर छोड़ता है, सर्वोच्च स्थान प्राप्त करता है।"

(८. १२-१३)

योग दर्शन समाधि की प्राप्ति के लिए एक वैकल्पिक मार्ग भी प्रस्तुत करता है—ईश्वर-प्राणिधान। इसे ईश्वर वाच्य ॐ के भावना पूर्वक जप के आधार पर प्राप्त किया जाता है। वास्तव में गीता दोनों ही मार्गों को जोड़ती है। इस पर आश्चर्य नहीं किया जाना चाहिए कि ॐ के मानसिक जप के साथ-साथ निर्धरित विधि से ब्रह्म का ध्यान कैसे किया जा सकता है।

महर्षि पतंजलि भी कहते हैं कि सार्वभौमिक समत्व की स्थिति तक शब्द का शब्दार्थ और शब्द चेतना मन में रहती है। इस प्रकार यह स्वाभाविक ही है कि जिस नाम का स्मरण किया जा रहा है उसका रूप भी मन में साथ-साथ चलें।

कृष्ण मृत्यु के पार ऐसे लोकों की स्पष्ट विभाजक रेखा खींचते हैं जिन्हें योगी प्राप्त कर पुन: जन्म नहीं लेते तथा जिन्हें प्राप्त कर पुन: जन्म लेते हैं। उनके अनुसार ब्रह्म लोक के नीचे के समस्त लोक उत्पन्न होते हैं, नष्ट होते हैं, क्योंकि उनकी समयावधि निर्धारित है। ब्रह्म की रात आरम्भ होने पर सभी प्राणी अव्यक्त में विलीन हो जाते हैं, किन्तु वे पुर्नजन्म की शृंखला से मुक्त नहीं होते। वह परमतत्व इसके ऊपर है, जिसे प्राप्त कर एक सिद्ध पुरुष इस नाशवान संसार में वापस नहीं लौटता।

वेदों के अध्ययन, यज्ञों के अनुष्ठान, तप तथा दान की तुलना में योग की श्रेष्ठता इस अध्याय में पुन: रेखांकित हुई है। श्रीकृष्ण के अनुसार एक योगी यहाँ वर्णित योग की पद्धति से उस परमतत्व को प्राप्त कर लेता है जिसे प्राप्त करने के पश्चात् पारंपरिक विधि-विधान से प्राप्त सफलतायें कोई महत्व नहीं रखती हैं।

भारतीय दर्शन ने प्राचीनकाल से निरंतर एक ऐसे सत्य के अनुसंधान की चेष्टा की है जो पृथ्वी पर श्रेष्ठ तथा कल्याणकारी हो। वह इसे बहुत अच्छी तरह से समझता था कि जीवन का उद्देश्य न तो वर्तमान और न ही मृत्यु के पश्चात के जीवन में परमसुख की प्राप्ति है। जीवन का वास्तविक ध्येय तो जन्म-मृत्यु की शृंखला के पार ईश्वर में लीन हो जाना है। दूसरे सभी मार्ग अप्रत्यक्ष और लम्बे हैं जबकि योगमार्ग इन दोनों के समन्वय पर आधारित है। यह शरीर और आत्मा दोनों की ही उपयोगिता स्वीकार कर लक्ष्य की शीघ्रतर प्राप्ति के प्रति आश्वस्त करता है।

ॐ

9

परम-रहस्य विद्या

मयाध्यक्षेण प्रकृतिः सूयते सचराचरम्
हेतुनानेन कौन्तेय जगद्विपरिवर्तते ।

(९.१०)

(मेरी अध्यक्षता में चराचर संसार को मेरी प्रकृति रचती है, हे अर्जुन, यह संसार इस प्रकार ही प्रवर्तित होता है''।)

नवें अध्याय के आरम्भ में कृष्ण कहते हैं कि वे परम रहस्य पूर्ण ज्ञान को पूरी वैज्ञानिक रीति से लोक-कल्याण के लिए प्रकट कर रहे हैं। यह परम गोपनीय पवित्र राजविधा प्रत्यक्ष रूप से अनुभवगम्य, धर्मसम्मत तथा सुविधा से अभ्यास किये जाने योग्य है।

इस संक्षिप्त भूमिका के पश्चात् श्रीकृष्ण कहते हैं कि यह समस्त ब्रह्माण्ड उनका ही प्रकट रूप है। सभी जड़ एवं चेतन पदार्थ उनसे ही उत्पन्न हुए हैं तथा उनमें ही वास कर रहे हैं, किंतु वे स्वंय उनमें स्थित नहीं है । यह उनके योग का ऐश्वर्य है।

''जिस प्रकार से सर्वत्र आकाश में विचरण करते हुए हवा रहती हैं, उसी प्रकार सभी प्राणी उनमें विद्यमान हैं''।

(९.६)

यह भारतीय वेदान्त दर्शन का सारतत्व है। महर्षि वादरायण के अद्वैत दर्शन सम्बन्धी ब्रह्म सूत्र के अनुसार परमेश्वर संसार की उत्पत्ति का कारण और उपादान दोनों है। यह ध्यान देने योग्य है कि श्रीकृष्ण के द्वारा इस अद्वैत वेदान्त दर्शन को आगे पुन: विशेषीकृत किया गया है। उनका कहना है कि उनकी प्रकृति इस सृष्टि की रचना और संहार में समान रूप से महत्वपूर्ण है। वे बताते हैं कि सृष्टि के आरम्भ में सभी चड़ और चेतन पदार्थ उनकी प्रकृति से उत्पन्न होकर उसी में लीन और लय होते हैं। परमेश्वर अपनी प्रकृति के आधार पर कर्म सिद्धान्तों के अनुरूप सृष्टि की रचना करते हैं। सृष्टि रचना का यह कर्म ईश्वर के लिए बंधनकारी कार्य नहीं है क्योंकि वह स्वयं उदासीन और तटस्थ है।

'' मेरी अध्यक्षता में हे अर्जुन, मेरी प्रकृति इस जड़-चेतन संसार का सृजन करती है। यह संसार इसी प्रकार से निर्मित और परिचालित है''।

(९.१०)

यह अच्छी तरह से समझ लिए जाने योग्य सिद्धान्त है कि सृष्टि रचना और संहार के समय प्रकृति सक्रिय एवं ईश्वर निष्क्रिय है। वस्तुत: ईश्वर को स्वयं कुछ करने को नहीं है, उसे तो यह देखना भर है। यह महत्वपूर्ण है कि बिना उसके संकल्प के यह रचना और संहार नहीं हो सकता। इस तरह से उसकी यह रचना विज्ञान के केटालिस्ट की तरह ही है। मनुष्य भी आत्मा के स्तर पर कभी कार्य नहीं करता। हमारे द्वारा भौतिक स्तर पर किये जाने वाले कार्यों में हमारी आत्मा सदा असंलग्न ही तो रहती है। यद्यपि बिना उसके अस्तित्व के कोई कर्म संभव नहीं है तथापि आत्मा द्वारा अपने आपको कर्ता मानना सदा एक त्रुटि ही है। इस प्रकार जैसी मनुष्य की क्रिया अथवा अक्रिया की स्थिति है वैसी ही सृष्टि की रचना और संहार की अवस्था है। किन्तु मनुष्य में कर्तव्य का अभाव नहीं होता। यहाँ तक कि जब ईश्वर अवतार के रूप में मानव देह धारण करता है तब भी वह अपनी ईश्वरता के प्रति जाग्रत होता है। दूसरी ओर मनुष्य न केवल अपने वास्तविक स्वभाव के प्रति अनभिज्ञ है, बल्कि वह ऐसे अवतार में ईश्वर का स्वरूप भी नहीं देख पाता।

"चूंकि मैंने मानव देह धारण की है इसलिए मनुष्य मुझे अपने जैसे शरीर वाला साधारण मनुष्य मान बैठे हैं तथा वे मेरी महेश्वरता से अनभिज्ञ हैं"। जहाँ तक ईश्वर की सार्वभौम विभुता का सम्बन्ध है गीता का कहना है–

"वास्तव में श्रौत और यज्ञादि स्मार्त कर्म, पितरों को दिए जाने वाले अन्न,मंत्र, घृत, अग्नि और हवन रूप इस सम्पूर्ण जगत को धारण, पोषण करने वाले, कर्म के फल का प्रदाता, पिता, माता, पितामह मैं ही हूँ।
जानने योग्य पवित्र ऊँकार, ऋग्वेद, सामवेद, यजुर्वेद भी में ही हूँ।"

(९,१६ - १७)

उनके अनुसार वे सबके प्राप्ति स्थान, भरण पोषण कर्ता, सबके स्वामी, शुभाशुभ फल देने वाले सबका वास स्थान, शरण देने वाले अविनाशी कारण हैं । वे ही स्वयं सूर्य में तपकर वर्षा का आकर्षण और सृजन करते हैं। वे अमृत और विष तथा सत् और असत् दोनों हैं।

अपने ऐश्वर्य को इस प्रकार प्रकट कर कृष्ण बताते है कि मनुष्य ईश्वर को प्राय: दो प्रकार से प्राप्त करना चाहते हैं। वे सुख और आनन्द की कामना से यज्ञ आदि कर्म करते हैं। किन्तु इन सबका एक अन्त है। इसे प्राप्त कर वे जीवन और मृत्यु के लोक में बार-बार आते जाते हैं, किन्तु जो ईश्वर में सम्पूर्ण श्रद्धा रखते हैं तथा ईश्वर के प्रति भक्तिपूर्वक समर्पित हो जाते हैं, ईश्वर उनके सम्पूर्ण जीवन का भार वहन करता है। यहाँ तक कि जो मनुष्य दूसरे देवताओं की भी भिन्न नाम और रूप से आराधना करते हैं वे वास्तव में प्रकारान्तर से परमेश्वर की ही आराधना करते हैं। किन्तु यह ध्यान देने योग्य है कि जो अन्य देवताओं को भजते हैं वे उनको प्राप्त करते हैं तथा जो परमेश्वर को ध्याते हैं वे परम्ब्रह्म को प्राप्त करते हैं। जब कोई

मनुष्य यज्ञ, पुष्प, जल या फल श्रद्धापूर्वक ईश्वर को अर्पित करता है तो परमेश्वर प्रसन्न होकर उसे भक्ति का वरदान देते हैं।

अत: संसार में मनुष्य का ईश्वर को अपने कर्त्तव्य, दान, यज्ञ आदि सभी का फल सौंप देना ही वांछनीय है। मनुष्य जब तक अपने कर्मों का फलाफल ईश्वर को समर्पित नहीं करता है वह कर्मों के बन्धन के ऊपर नहीं ऊठता है। ईश्वर सर्वत्र विद्यमान है। वह न तो किसी के प्रति राग और न ही द्वेष करता है। उसकी भक्ति द्वारा ही उसे प्राप्त किया जा सकता है।

कृष्ण इस अध्याय को यह कहते हुए समाप्त करते हैं कि ईश्वर सांख्य अथवा वेदान्त आदि किसी भी धारणा का हो, इस रहस्य ज्ञान पर आधारित भक्ति के द्वारा उसे प्राप्त किया जा सकता है। इस प्रकार यहाँ कृष्ण न केवल दो भिन्न दार्शनिक धाराओं बल्कि ज्ञान भक्ति और योग को भी परस्पर समन्वित कर देते हैं।

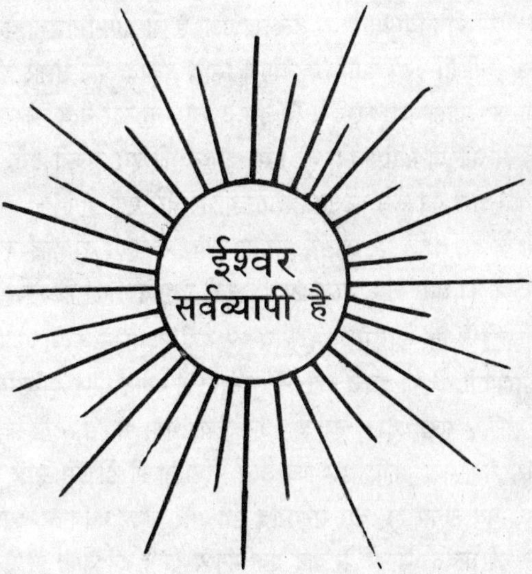

10

दिव्य-स्वरूप और विभूतियाँ

अथवा बहुनैतेन किं ज्ञातेन तवार्जुन
विष्टभ्याहमिदं कृत्स्नमेकांशेन स्थितो जगत्।

(१०.४२)

(किन्तु इस विस्तार में जाने की तुझे आवश्यकता क्या है? मैं इस समस्त संसार को अपने एक अंश मात्र से आव्रत कर स्थित हूँ)

गीता का दसवां अध्याय परमेश्वर की व्यापकता और विभूतियों का विस्तार से वर्णन करता है। योग-शास्त्रों में प्राय: ऐसी योग-विभूतियों का उल्लेख हुआ है जो योग-सिद्धियों के परिणाम स्वरूप योगियों में प्रकट होती है। इनमें सबसे महत्वपूर्ण सिद्धि प्रकृति और संसार की समस्त पदार्थ और चेतन शक्ति का अतिक्रमण कर देना है। इस अध्याय के सार तत्व को समझने के लिए यह आवश्यक है कि मानवीय संभावना की इस सामर्थ्य को हम अच्छी तरह से जानें। ब्रह्माण्ड चेतना की स्थिति प्राप्त कर लेने पर सारा विश्व-व्यापार जैसे एक योगी का आत्मानुभव ही होता है। अत: कृष्ण के इस कथन पर आश्चर्य अथवा अविश्वास करने का कोई कारण नहीं है कि तेजस्वी सभी पदार्थों का ज्ञात और प्रकट ऐश्वर्य उनकी विभूतियों का ही प्राकट्य है ।

आरम्भ में कृष्ण कहते हैं कि वे ऐसे परम् सत्य का यहाँ उद्घाटन करने जा रहे हैं जो देवताओं, सिद्धों और महर्षियों को भी प्रकट नहीं है। वस्तुत: वे आदि रहित हैं। सम्यक् ज्ञान, अज्ञान, आत्म संयम, शान्ति, सुख, दुख, कर्तव्य, अकर्तव्य, भय, साहस, अहिंसा, समता, संतोष, तप, दान, सिद्धि, असिद्धि आदि सभी का उत्स परमात्मा ही है। इस सृष्टि के आदि पुरुष सात महर्षि,[१] उनके पूर्व उत्पन्न हुए चार सनकादि संत और चौदह मनवन्तर[२] सभी उनके मानस पुत्र हैं। इस सत्य को तत्वत: जानने के बाद एक मनुष्य योगी बन जाता है। ऐसे मनुष्य को अच्छी तरह से विदित होता है कि सर्वशक्तिमान ईश्वर ही सारी विभूतियों के मूल में है तथा समस्त चेतना का उद्गम वही है ।

अर्जुन का कथन है 'केवल आप ही अपनी उन विभूतियों का वर्णन कर सकते हैं जिनके द्वारा आप सर्वत्र विद्यमान हैं ।''

(१०.१६)

निश्चित ही उनके अतिरिक्त अन्य कोई उन्हें और अच्छी तरह से व्यक्त नहीं कर सकता है क्योंकि वे स्वयं ही स्वयं को समझने में समर्थ हैं। अत: अर्जुन कृष्ण को अपनी उन विभूतियों का वर्णन करने का आग्रह करता है जिनके माध्यम से वे तथा अन्य योगीश्वर प्रकट और व्यक्त होते हैं।

अर्जुन को अब तक यह स्पष्ट हो चुका है कि उसे सम्बोधित कर रहे श्रीकृष्ण साक्षात् परमेश्वर हैं। उसे यह भी पता है कि कृष्ण ईश्वरीय सत्ता को प्रकट करने में सर्व समर्थ हैं। अत: योगीश्वर कृष्ण से उसका आग्रह है कि वे ब्रह्माण्ड और प्रकृति के उन भावों का उल्लेख करें जिनमें केन्द्रित होकर उनका साक्षात्कार किया जा सकता है।

कृष्ण ऐसे तत्वों और भावों की एक सुविस्तृत सूची प्रदान करते हैं जिनमें उनकी दिव्यता अधिक सुस्पष्ट है। ये समस्त भाव, व्यक्ति अथवा पदार्थ भारतीय आध्यात्म शास्त्र के महत्वपूर्ण विषय हैं। इस वर्णन में यह निरंतर ध्यान दिये जाने योग्य है कि लगातार एक पूर्णता से ही दूसरी पूर्णता प्रकट हो रही है। अत: गीता के केन्द्रीय भाव और शिल्प के अनुसार यह सर्वशक्तिमान की नाना रूप और आकार में पुनरुक्ति ही है।

कृष्ण बताते हैं कि वे सभी प्राणियों के हृदय में स्थित सबकी आत्मा तथा उनका आदि, मध्य और अन्त हैं। वे अदिति के बारह पुत्रों[३] में विष्णु और ज्योतियों में सूर्य, मरुतों में मरीचि नक्षत्रों में चन्द्रमा[४] तथा वेदों में वे सामवेद तथा देवताओं मे इन्द्र हैं। वे इन्द्रियों में मन[५] तथा व्यक्ति की चेतना हैं। वे रुद्रों[६] में शंकर और यक्षों में कुबेर हैं। वे अग्नियों में वसु[७] तथा पर्वतों मे मेरु शिखर हैं। देवगुरुओं में उन्हें बृहस्पति समझा जाना चाहिए। वे सेनानियों में स्कन्द तथा जलाशयों में सागर हैं। महर्षियों में वे भृगु तथा वाणियों में अक्षर हैं। यज्ञों में वे जप यज्ञ तथा स्थावरों में हिमालय हैं। वृक्षों में वे अश्वत्थ (पीपल)[८] देवऋषिओं में नारद, गंधर्वों में चित्ररथ, सिद्धों में मुनिकपिल, अश्वों में अमृत के साथ उत्पन्न अश्व ऊचैश्रवा, हाथियों में ऐरावत, मनुष्यों में राजा, आयुधों में वज्र, गायों में कामधेनु, सर्पों में वासुकि, नागों में शेषनाग, जलदेवताओं में वरुण, पितरों मे अर्यमा, शासन कर्ताओं में यम, दैत्यों में प्रह्लाद,गणना में काल, पशुओं मे सिंह, पक्षियों में गरुड़, पवित्रकर्ताओं में वायु, शास्त्रधारियों में राम, मछलियों में मगर, नदियों में गंगा जी हैं। वे ही सृष्टि का आदि, मध्य और अन्त हैं। विद्याओं में वे आध्यात्मविद्या, परस्पर विवाद करने वालों का निर्णायक वाद, अक्षरों में अकार, समासों में द्वन्द्व समास, कालों में महाकाल तथा सबका भरण-पोषण करने वाले हैं। वे सबकी संहारक मृत्यु, भविष्य में पैदा होने वालों का उत्पत्ति स्थल, स्त्रियों में कीर्ति, श्रीवाक्,स्मृति, मेधा, धृति और क्षमा हैं। गायन की जाने वाली श्रुतियों में वे वृहत्साम, छंदों में गायत्री, महीनों में मार्गशीर्ष तथा ऋतुओं में वसन्त मात्र वे ही हैं। वे छल करने वालों में द्यूत, तेजस्वियों का तेज, जय, निश्चय और सात्विकों का सत्व हैं। वृष्णिवंश में वे वासुदेव,पांडवों में धनंजय[९], मुनियों में वेदव्यास, कवियों में शुक्राचार्य,[१०] दमनशील का दंड, विजय चाहने वालों की नीति, गोपनीयता

में मौन तथा ज्ञानियों की ज्ञानवत्ता हैं । और अंतत: "अर्जुन जो सब भूतों की उत्पत्ति का कारण है, वह मैं ही हूँ, क्योंकि चर और अचर ऐसा कोई भी भूत नहीं है, जो मुझसे रहित हो ।"

"परंतप, मेरी दिव्य विभूतियों का अन्त नहीं है; मैने इनका यह विस्तार संक्षेप में ही बताया है। जो-जो विभूतियुक्त, कांतियुक्त और शक्तियुक्त है, उसे मेरे ही तेज के अंश से उत्पन्न मानो। वास्तव में अर्जुन, इतना विस्तार से जानने का प्रयोजन भी तुम्हें कहां है! मात्र यह जान लो कि मैं इस सम्पूर्ण जगत को एक अंशमात्र से धारण करके स्थित हूँ।"

(१०.३४-४२)

यहाँ कृष्ण के इस योग--साम्राज्य का गूढ़ार्थ जान लेना आवश्यक है। संक्षेप में यह उनका अपनी ब्रह्माण्ड चेतना से तादात्मीकरण ही नहीं, बल्कि दिव्यत्व की सर्वव्यापकता भी है। इसे इसी तरह की अन्य देशीय और जातीय व्यवहार की परिचित शब्दावली में भी वर्णित किया जा सकता है क्योंकि त्यागपूर्ण प्रत्येक जीवन अथवा प्रतिभा का प्रत्येक कार्य दिव्यता का ही परिचायक है।

(१) **सबसे पहले होने वाले सप्त महर्षि -** मरीचि, अंगिरा, अत्रि, पुलस्त्य, पुलह, क्रतु, और वशिष्ठ हैं। वर्तमान-मन्वन्तर के सात ऋषि हैं— मनु, कश्यप, अत्रि, वशिष्ठ, भारद्वाज, विश्वामित्र, यमदग्नि और गौतम। चार से आशय है- सनक, सनन्दन, सनातन और सनत्कुमार।

(२) **चौदह मनु -** स्वायम्भुव, स्वरोचिष, उत्तम, तामस, रैवत, चाक्षुप, वैवस्वत, सावर्णि, दक्षसावर्णि, ब्रह्म सावर्णि, धर्मसावर्णि, रुद्रसावर्णि, देवसावर्णि और इन्द्रसावर्णि।

(३) **अदिति के द्वादश पुत्र -** धाता, मित्र, अर्यमा, शक्र, वरुण, अंश, भग, विवस्वत, पूषा, सविता, त्वष्टा और विष्णु।

(४) **नक्षत्रों में शशि -** चन्द्रमा यद्यपि स्वयं नक्षत्र है किन्तु नक्षत्रों से प्राप्त प्रकाश की तुलना में उसके अधिक प्रकाशवान होने से तेजस्विता का संकेत दिया गया है।

(५) **इद्रियों में मन -** गीता के तीसरे अध्याय के ४२ वें श्लोक में कहा गया है— इन्द्रियों से परे मन है। इन्द्रियों की तुलना में मन का शक्तिमान दैवी विभूति के वर्णन ।

(६) **एकादश रुद्र हैं -** हर, बहुरूप, त्र्यम्बक अपराजित, वृषाकपि, शम्भु, कपर्दी, रैवत, मृगव्याध, शर्व, कपाली।

(७) **आठ वसु हैं -** धर, ध्रुव, सोम, अहं, अनिल, अनल, प्रत्यूष और प्रभास।

(८) **अश्वत्थ -** भगवान ने गायों में कामधेनु की तरह अपने आपको वृक्षों में कल्पवृक्ष नहीं कहा। वास्तव में अश्वत्थ पृथ्वी में कल्पवृक्ष के ही समान जहाँ फलप्रद है, वहीं यह सृष्टि रचना का आधार प्रतीक भी है। (गीता १५.१)

(९) **पांडवों में धनंजय** - युधिष्ठर की तुलना में अर्जुन को विभूक्तियुक्त बताना अर्जुन का "नर" रूप होना है। यह उसके व्यक्तित्व की पूर्णता का भी संकेत है।

(१०) **उशना कवि** - दैत्य गुरु शुक्राचार्य उशना कवि के रूप में बताए गये हैं । प्राचीन भारतीय वाङ्गमय में एक मनीषी और दृष्टा को कवि के रूप में ही देखा गया है। कविर्मनीषी, दुर्गमपथं तत् कवयो: वदन्ति इत्यादि।

(११) गुह्यतम में मौन - मौन यहाँ वाणी के संयम के अर्थ में प्रयुक्त न होकर रहस्य को प्रकट न करने के आत्मानुशासन के रूप में उल्लेखित हुआ है।

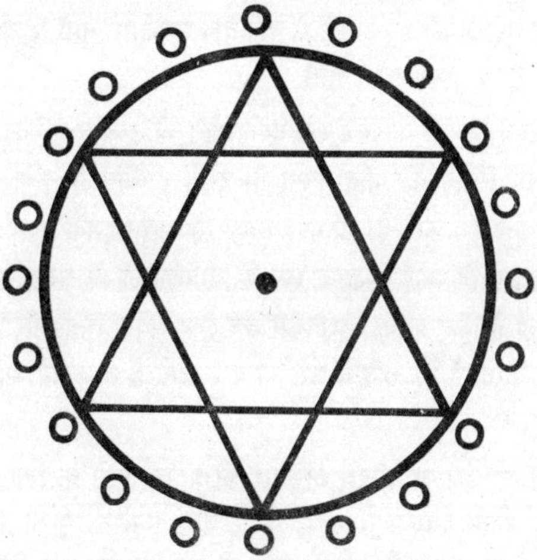

11

विश्व-रूप दर्शन

न तु मां शक्यसे द्रष्टुमनेनैव स्वचक्षुषा।
दिव्यं ददामि ते चक्षुः पश्य मे योगमैश्वरम्।

(११.८)

(लेकिन तुम मुझे अपनी इन आंखों से नहीं देख सकते। मैं तुम्हें दिव्य-दृष्टि प्रदान करता हूँ। तुम मेरे यौगिक ऐश्वर्य को देखो।)

गीता के ग्यारहवें अध्याय का विश्व-रूप दर्शन योग की उच्चतर भूमिका से मानवीय चेतना के विकास की चरम स्थिति को प्राप्त करना है। दसवें अध्याय में कृष्ण अपने विश्वरूप के सैद्धान्तिक पक्ष का निरूपण करते हैं। स्वाभाविक रूप से अर्जुन इसके यथार्थ को जानना चाहता है। यह तो एक बात है कि कोई सिद्धान्त रूप में यह जान ले कि परमात्मा सभी जड़, चेतन पदार्थ में वास करता है किंतु इसका साक्षात्कार कर लेना सर्वदा भिन्न और विशेष है। इसलिए अर्जुन भी अनुरोध करता है कि यदि वे उसे योग्य समझते हैं तो अपने अविनाशी स्वरूप के दर्शन करायें ।

कृष्ण अर्जुन को इस अतीन्द्रिय अनुभव को प्रदान करने के लिए सहमत होते हुए कहते हैं कि वह उनके स्वरूप में सूर्य, जल, वायु, अग्नि, पृथ्वी समस्त जड़ चेतन पदार्थ आदि को देख सकता है। इसके साथ ही श्रीकृष्ण का उस विराट में रूपान्तरण होता है जहाँ अर्जुन स्वर्ग और पृथ्वी के समस्त चराचर प्राणियों को श्रीकृष्ण के दिव्य रूप में देखता है। वे दिव्य माला धारण किए हुए हैं, प्रकाशोज्ज्वल हैं, तथा चतुर्दिक अनन्त भुजाओं एव जंघाओं वाले हैं। श्रीकृष्ण के इस विराट रूप के प्राकट्य के सम्बन्ध में गीताकार का यह कथन महत्वपूर्ण है –

"एक साथ ही जब हजारों सूर्य आकाश में प्रकट हों तो उनका जो प्रकाश होगा संभवत: इस दैवी स्वरूप से कुछ उसकी तुलना हो।"

(११.३१)

यह रेखांकित किये जाने योग्य है कि यह स्वरूप किसी तरह का मानसिक प्रक्षेपण न होकर साक्षात् दर्शन है। यह अनुभव अर्जुन को प्रत्यक्ष तौर पर हुआ है। स्वाभाविक रूप से अर्जुन संसार के सामान्य परिचित बिम्बों के अदृश्य हो जाने से चमत्कृत है।

अर्जुन सभी दिशाओं में कृष्ण के उस दिव्य स्वरूप को देखता है जिसके अनेकानेक हाथ, मुहं, आंखें हैं तथा जो आदि मध्य और अन्त से रहित है उनके द्वारा पृथ्वी और आकाश आवृत कर लिया गया है। इस भयानक स्वरूप से तीनों लोक कांप रहे हैं। अर्जुन देखता है कि धृतराष्ट्र पुत्रों सहित भीष्म, द्रोण, कर्ण तथा उसकी सेनाओं के अनके योद्धा कृष्ण के इस भयानक मुंह में प्रवेश कर रहे हैं कृष्ण के इन शब्दों के साथ संहार के दैवी सिद्धान्त का जैसे प्रतिपादन किया जा रहा है।

"मैं संसार को समाप्त करने में संलग्न स्वयं काल हूँ तथा इसी कार्य के लिये यहाँ प्रवृत्त हुआ हूँ। ये सब तेरे बिना भी मृत्यु को प्राप्त होंगे ।

(११.३२)

परमेश्वर का समय के ऊपर नियंत्रण है क्योंकि वह उसके परे हैं। कृष्ण अर्जुन को यहां यही बता रहे हैं कि उनके शत्रुओं के विनाश के कारण पहले से ही मौजूद रहे हैं तथा उसे इसका केवल निमित्त भर बनना है।

" अतएव तू उठ और यश प्राप्त कर अपने शत्रुओं को जीतकर समृद्धिशाली राज्य का उपयोग कर । इन सबका मैंने पूर्व से ही संहार किया हुआ है । हे सव्ययाची, तुम निमित्त भर बन जाओ।"

(११.३३)

वास्तव में गीता का यही सार संदेश है। ईश्वर के द्वारा समस्त कार्य पूर्व से ही सम्पन्न किये होते हैं, मनुष्य केवल उन्हें सम्पन्न करते हुए निमित्त मात्र होता है। कृष्ण यहां परमेश्वर तथा परमेश्वर की प्रकृति जिसमें सृष्टि और संहार की प्रक्रिया सम्मिलित है, के प्रतीक हैं।

एक प्रश्न ऊठता है कि यदि कृष्ण ने द्रोण, भीष्म, जयद्रथ, कर्ण तथा अन्य योद्धाओं को पहले से ही मार डाला है तो अर्जुन को उन्हें पुन: मारने की क्या आवश्यकता है? क्या अर्जुन को यह नहीं मान लेना चाहिए कि कृष्ण ने चूंकि इस कार्य को स्वयं सम्पन्न कर दिया है अत: अर्जुन को कुछ करना शेष नहीं है? निश्चित ही किसी निष्क्रयता के उद्देश्य से अर्जुन को यह विकल्प उपलब्ध नहीं है कि वह अपने कर्तव्य की इतिश्री मानकर युद्धभूमि से दूर चला जाये। इस प्रकार से एक कर्ता एक निमित्त के रूप में ही महत्वपूर्ण नहीं है बल्कि उसकी अपनी भी कुछ भूमिका है। सबसे पहले यह महत्वपूर्ण है कि यह नहीं माना जा सकता कि ईश्वर ने मनुष्य के कर्तव्यों का भार स्वयं ओढ़ लिया है तथा मनुष्य को कुछ भी करना शेष नहीं है।

मनुष्य को यह विकल्प अवश्य उपलब्ध है कि वह इस प्रकार कार्य करे कि उसकी चेष्टा दैवी-विधान के ही अनुरूप हो। इस स्थिति से निष्कामता की वांछित स्थिति प्राप्त की जा सकती है। तथा इनमें परस्पर विरोधाभास पूर्ण स्थिति भी नहीं मानी जा सकती।

अर्जुन को शत्रुओं पर उसकी विजय की अवश्यंभाविता इसलिए प्रकट की गयी है ताकि अर्जुन अपने कर्म-फल से अनासक्ति रह सके। यह भी महत्वपूर्ण नहीं है कि कर्म का फल

सफलता है अथवा असफलता। दोनों ही स्थिति में परिणाम परमेश्वरकी सृष्टि व्यवस्था में अपनी भूमिका का श्रेष्ठतम निर्वाह है। अतः मनुय्य को उपलब्ध विकल्प कर्म तथा फल के प्रति अनासक्ति भाव ही है।

यहाँ अर्जुन की विजय की पूर्व सूचना एक स्थिति मात्र है, तथा अर्जुन के पराजित होने की स्थिति में भी उसे कृष्ण के अनासक्ति भाव के परामर्श को ही स्वीकार करना है।

अर्जुन अब कृष्ण के विराटरूप के प्रति पूरी तरह जाग्रत और सचेत है। अतः वह उन्हें सामने, पीछे तथा सभी ओर से प्रणाम करता है। उसे इस बात का पश्चाताप भी है कि कृष्ण को कभी उसने यादव, यदुवंशी कभी मित्र आदि के नाम से अब तक सम्बोधित किया है। वह कृष्ण से अपने पूर्व रूप को धारण करने का अनुरोध करता है क्योंकि उसका मन बहुत आन्दोलित हो रहा है तथा वह भय से ग्रसित हो चुका है ।

कृष्ण स्पष्ट करते हैं कि वेदों के अध्ययन, तप,यज्ञ आदि किसी भी कार्य से उनके इस स्वरूप को नहीं देखा जा सकता। वास्तव में अर्जुन के समर्पण भाव ने ही उन्हें इस अनुग्रह के लिए प्रेरित किया है। कृष्ण यह भी आश्वासन देते हैं कि यदि कोई मनुष्य अनासक्त है तथा दूसरों के प्रति समत्व का भाव रखता तो वह उन्हें प्राप्त करता है ।

समान्यतः यह माना जा सकता है कि अंर्जुन के विराट रूप देखने के बाद आगे उपदेश की आवश्यकता नहीं है तथा गीता यहाँ समाप्त हो जानी चाहिए किंतु इस दिव्य अनुभव के बाद अर्जुन को इसमें कुछ समय रहना भी चाहिए। अतः संदेश अभी जारी है।

12

भक्ति-योग

अनपेक्षः शुचिर्दक्ष उदासीनो गतव्यथः
सर्वारम्भ-परित्यागी यो मद्भक्तः स मे प्रियः।

(१२-१६)

(अनपेक्ष, शुचि, कुशल, उदासीन, व्यथा शून्य तथा चेष्टा रहित, इस प्रकार का भक्त मुझे प्रिय है।)

बारहवाँ अध्याय ऐसे प्रत्यक्ष परमेश्वर की उपासना का प्रश्न हल करता है जो सभी युग और सभी स्थानों में भक्ति साधना का केन्द्र बिन्दु रहा है । कृष्ण अब तक अर्जुन योग के माध्यम से परम सत्य के अन्वेष्यण की बुद्धिगम्य मानसिक क्षमताओं पर प्रकाश डाल रहे थे। इस अध्याय के आरम्भ में अर्जुन का यही प्रश्न है। उसका कहना है कि मनुष्य साकार और निराकार दोनों ही रूपों में परमेश्वर की उपासना करते हैं। इन दोनों में श्रेष्ठतर कौन है?

इस प्रश्न पर कृष्ण का उत्तर स्पष्ट है। उनके अनुसार जो उनमें अपना मन लगाकर श्रद्धापूर्वक उनके साकार रूप की उपासना करते हैं, वे श्रेष्ठ हैं। देहधारियों के द्वारा एक निराकार ब्रह्म की साधना तो दुश्कर ही है। आगे कृष्ण अपने व्यक्तित्व के अनुरूप दोनों का समन्वय भी करते हुए कहते हैं - "तथापि वे जो अपने सारे कर्म मुझे समर्पित कर अनन्य भाव से मेरी ध्यान-साधना करते हैं, ऐसे समर्पण युक्त मनुष्यों को मैं शीध्र ही नाशवान संसार सागर से मुक्ति प्रदान करता हूँ।"

(१२.६७)

यह कुछ आश्चर्यजनक ही है कि योगेश्वर कृष्ण यहाँ योग की किसी विधि के स्थान पर भक्ति की व्यवस्था प्रदान कर रहे हैं। स्वभावत: गीता के भक्ति परक व्याख्याकार गीता के इस बारहवें अध्याय को अपने विचार के केन्द्र में रखते हैं। यद्यपि भारतीय आध्यात्मशास्त्र में भक्ति एक शक्तिशाली धारा रही है तथा इसका स्वभाविक प्रभाव इस महान कृति में अवश्य देखा जा सकता है क्योकि इसकी दृष्टि में सर्वत्र समवाद और पूर्णता है, किंतु कृष्ण का यहाँ अभिप्राय कुछ विशिष्ट है। उनके अनुसार भक्ति भी उन लक्ष्यों की ओर पहुँचा सकती हैं। जो योगी अपने लिए निर्धारित करते हैं। दोनों के बीच में यदि कोई अन्तर है तो मार्गानुसंधान का है। जहाँ एक भक्त का पथ हृदय का है, ज्ञानी का बुद्धि या मन का है वहीं योगी का पथ पुरुषार्थ या कर्मप्रधान है। तथापि इन सभी का अंतिम लक्ष्य एक ही है। कृष्ण इन सभी मार्गों को जोड़ते हैं। उनका

दर्शन इस अर्थ में अधिक व्यवहारिक है कि एक मनुष्य हृदय, बुद्धि और शरीर सब कुछ एक साथ ही तो हैं। मनुष्य को तब तक अपने कर्म अनासक्त भाव से कर पाना संभव नहीं है जब तक वह उन्हें किसी अन्य के अभिकर्ता के रूप में नहीं करता है। जब कोई मनुष्य, उदाहरण के तौर पर, अपनी निजी सम्पत्ति के अर्जन के लिए कोई कार्य करता है तो वह उसके अपेक्षित अथवा अनपेक्षित दोनों ही परिणामों से अत्यधिक प्रभावित रहता है। किन्तु यदि कोई मनुष्य राज्य अथवा किसी अन्य स्वामी के लिए कार्य करता है तो उसके लाभालाभ से वह अप्रभावित ही रहता है। इस प्रकार से उसमें अधिक कार्यक्षमता आ जाती है तथा इससे उसके व्यक्तित्व का अधिकतम विकास संभव होता है। इसी प्रकार जब एक मनुष्य यह धारणा बना पाता है कि वह जो भी कार्य कर रहा है वह ईश्वर के अभिकर्ता के रूप में ही है, तो वह उन्हें करते हुए उनसे अनासक्त रहता है तथा इससे उसकी मुक्ति सुनिश्चित है। इस प्रकार जब कृष्ण अर्जुन को अपना निष्कर्ष प्रदान करते हैं तो वे भक्ति को शीर्ष पर रखते हैं। वे इस क्रम में अर्जुन के सामने अनेकानेक विकल्प प्रस्तुत करते हैं। सबसे पहले तो उनका अर्जुन को परामर्श है— "अर्जुन अपना मन मुझमें लगाओ तथा बुद्धि मुझमें ही विनियोजित करो।" दूसरे विकल्प के रूप में उनका कहना है कि चित्त उनमें स्थिर न कर पाने की स्थिति में वह अभ्यास करे। यदि यह अभ्यास संभव नहीं है तो मनुष्य अपने कर्म ईश्वर के अभिकर्ता के रूप में करे तथा यदि यह भी संभव नहीं है तो अपने कर्म-फलों को ही उनके प्रति अर्पित कर दे। इस प्रकार कृष्ण के अनुसार ज्ञान की तुलना में अभ्यास, अभ्यास की तुलना में ध्यान तथा ध्यान की तुलना में कर्मफल का त्याग श्रेष्ठ है।

यहाँ यह ध्यान देने योग्य है कि इन समस्त विधियों और चेष्टाओं के केन्द्र में सगुण रूप कृष्ण ही हैं। यहाँ ज्ञान, योग और भक्ति श्रीकृष्ण की सगुण उपासना की ही अन्तर्वर्ती धाराऐं हैं। वास्तव में एक प्रत्यक्ष ईश्वर की उपासना की स्थिति में ही मनुष्य द्वारा ईश्वर के प्रति मन, बुद्धि, कर्म अथवा कर्मफल का समर्पण किया जा पाना संभव है।

आगे कृष्ण एक सच्चे भक्त की विशेषतायें भी बताते हैं। उनके अनुसार उसे निस्वार्थ, सभी प्राणियों के प्रति मैत्री भाव युक्त, धैर्यवान तथा समत्वबुद्धि वाला होना चाहिए। वह न तो किसी के संताप का कारण बनता है न ही किसी दूसरे व्यक्ति से पीड़ित होता है। वह कार्यक्षमता युक्त तथा आकांक्षा रहित होता है। वह न तो प्रहर्षित होता है न ही ईर्ष्या करता है तथा अच्छे और बुरे को समान भाव से गृहण करता है। वह शत्रु और मित्र के प्रति समान भाव रखता है तथा निन्दा और स्तुति उसके लिए बराबर हैं।

इस वर्णन से यह स्पष्ट हो जाता है कि जिस भक्ति का कृष्ण उपदेश देते हैं वह प्रतीक या साकार उपासना से भिन्न है। उनके भक्त की विशेषतायें वस्तुत: एक सच्चे ज्ञानी और योगी की भी हैं। इस तरह कृष्ण का भक्तियोग भी यथार्थत: वह कर्म-योग है जो गीता का केन्द्रीय भाव है।

13

प्रकृति और परमेश्वर विभाग

ज्ञेयं यत्तत्प्रवक्ष्यामि यज्ज्ञात्वामृतमश्नुते
अनादिमत्परं ब्रह्म न सत्तन्नासदुच्यते।

(१३.१२)

("मैं तुम्हें वह बता रहा हूँ जो जानने योग्य है तथा जिसे प्राप्त कर व्यक्ति अमरत्व प्राप्त कर लेता है, वह अनादि परम्ब्रह्म ही है जो सत् और असत् से परे कहा गया है" ।)

बारहवें अध्याय में अर्जुन के निराकार ईश्वर की उपासना सम्बन्धी दूसरे प्रश्न के विस्तारित उत्तर में गीता के तेरहवें अध्याय में श्रीकृष्ण प्रकृति और सर्वशक्तिमान परमेश्वर के कुछ सूक्ष्म रहस्यों का उद्घाटन करते हैं। उनके अनुसार शरीर क्षेत्र और देहधारी क्षेत्रज्ञ है। इस सिद्धान्त को विराट के पैमाने तक ले जाते हुए उनका कहना है कि ब्रह्माण्डीय क्षेत्र के वे क्षेत्रज्ञ हैं तथा क्षेत्र क्षेत्रज्ञ का ज्ञान ही वास्तविक ज्ञान है। वस्तुतः आत्मा और प्रकृति का संयोग मनुष्य के अस्तित्व में ही एक अन्तर्निहित विरोधाभास है– जहाँ वह स्वतंत्र इच्छा सम्पन्न है वहीं वह बन्धनग्रस्त भी है। सर्वपल्ली डा० राधाकृष्णन ने अपनी भगवत गीता पुस्तक में इस सम्बन्ध में निम्नानुसार सुन्दर विश्लेषण किया है–

"वह (मनुष्य) जहाँ देवोपम है वहीं उसके पतन (प्रकृति में विसर्जन) की भी पूरी संभावनायें हैं। पतनोन्मुखी मनुष्य प्रकृति की शक्तियों से संचालित होता है। इस समय वह प्रकृति के तत्वों जैसे ऐन्द्रिक आकर्षण, भय, चिन्ता, आदि के ही आश्रित हो उठता है। किन्तु अपने आत्मस्वरूप में मनुष्य की सत्ता कुछ और ही है। इस रूप में वह असीम है तथा अनन्तता स्वयं उसमें वास करती है। इस प्रकार अपनी यात्रा के अंत में प्रत्येक मनुष्य अपने नाम और रूप में सर्वदा अर्पूव है।"

श्री कृष्ण के अनुसार क्षेत्र का निर्माण जिन तत्वों से होता है वे हैं– आकाश, अग्नि, वायु, जल, पृथ्वी आदि पांच महाभूत तथा अहंकार, बुद्धि, मूल, प्रकृति, दस इंद्रियाँ एक मन एवं रूप, रस, गंध, स्पर्श तथा शब्दादि पांच इंद्रिय विषय।

गीता बताती है कि कृष्ण सभी क्षेत्रों को जानने वाले क्षेत्रज्ञ हैं तथा क्षेत्रज्ञ ही ज्ञान की पूर्णता भी है। यहाँ एक अत्यन्त सूक्ष्म भेद क्षेत्र को जानने वाले क्षेत्रज्ञ तथा सर्वज्ञाता क्षेत्रज्ञ का है जो इस कथन "सभी शरीरों में मुझे ही क्षेत्रज्ञ मानो" के द्वारा प्रकट किया गया है। सर्वज्ञता का यह रूप ही गीता का शाश्वत् अन्तर्प्रवाह है।

इस संदर्भ में कृष्ण ज्ञान को प्राप्त करने के साधनों के रूप में निरभिमानता अहिंसा, क्षमा का उल्लेख करते हैं। गुरुभक्ति, शुचिता, इंद्रिय, निग्रह, वैराग्य, अनहंकार आदि नौ गुणों का भी समावेश है जिसका आशय यह है कि ज्ञान की सैद्धान्तिक अवणारणा से कोई लाभ प्राप्त नहीं हो सकता इसके लिए आचरण पक्ष भी उनता ही महत्वपूर्ण है। जहाँ तक सर्वशक्तिमान परमेश्वर क्षेत्रज्ञ की विशेषताओं का सम्बन्ध है–

"वह सर्वत्र फैले अपने हाथ, पांवों, आँखों, सिर और मुख से सभी दिशाओं में स्थिर कान सहित सभी को व्याप्त कर संसार में स्थित है।"

(१३.१३)

भारतीय आध्यात्मशास्त्र में ईश्वर को अनेकानेक विरोधाभासी कथनों से अभिव्यक्त किया गया है। वह भीतर और बाहर समान रूप से स्थित है। वह इन्द्रियों और गुणों से आभासित होते हुए भी सर्वथा अतीन्द्रिय है। वह चेतन तथा जड़, निकट और दूर तथा सृजनकर्ता, पोषक और संहारक एवं विभक्त और अविभक्त एक साथ है। वह प्रकाश का प्रकाशक तथा माया से अत्यन्त परे है। स्वभावत: ऐसा परमेश्वर परम् ज्ञान के द्वारा ही ज्ञेय और प्राप्य है। किन्तु कृष्ण का आश्वासन है कि उनके प्रति भक्ति रखने वाला मनुष्य इसे प्राप्त कर उनके दिव्य भाव को आत्मसात करता है।

प्रकृति और आत्मा को स्वत्रंत तत्वों के रूप में देखने वाले सांख्य दर्शन से भिन्न, श्री कृष्ण इन्हें यहाँ एक ही परमतत्व के क्रमश: उच्चतर और निम्न तत्वों के रूप में देखते हैं। यहाँ गीता सुख-दु:ख, पाप और पुण्य आदि सनातन द्वन्द्वों का अत्यन्त तार्किक समाधान प्रस्तुत करती है। समान्यतया मनुष्य यही मानता है कि जीवन के ये द्वन्द्व ईश्वर द्वारा बनाए गये हैं तथा जब हमें अपने दुख या सुख का कोई कारण समझ में नहीं आता है तो हम इसके लिए यथास्थिति ईश्वर को ही दोष या धन्यवाद दिया करते हैं। कृष्ण स्पष्ट तौर पर कहते हैं कि पुरुष और प्रकृति दोनों ही अनादि हैं किन्तु गुण और अवगुण प्रकृति से ही उत्पन्न हुए हैं।

मनुष्य का आत्मा सुख या दुख का अनुभव केवल इसीलिए करता है क्योंकि उसने अपना तादात्मीकरण प्रकृति से कर लिया है। वास्तव में तो "शरीर में स्थित आत्मा दृष्टा, अनुभवकर्ता, भोक्ता, महेश्वर और परमात्मा है।"

(१३.२२)

उस परमात्मा का साक्षात्कार कैसे होगा जिसके संबध में गीता कहती है कि उसे जानकर मनुष्य मुक्त हो जाता है? गीताकार के अनुसार जो मार्ग इस दिशा में ले जाते हैं वे ध्यान, ज्ञान, कर्मयोग और भक्ति के हैं। किन्तु इन सभी यात्राओं का पर्यवसान जिस सार्वभौम सिद्धि में होता है उस स्थिति में वह व्यक्ति सभी प्राणियों में परमेश्वर को समान रूप से स्थिर देखता है। कृष्ण के अनुसार यही दृष्टि वास्तविक है क्योंकि तब वह अपने द्वारा अपने आपको नष्ट नहीं करता। इस आत्मानुभव को इस ज्ञान से भी संवर्धित किए जाने की आवश्यकता है कि वास्तविक आत्मकर्ता न होकर दृष्टा मात्र है तथा सभी कर्म प्रकृति के द्वारा ही संम्पादित हो रहे हैं।

जहाँ तक अनादि और निर्गुण परमेश्वर का सम्बन्ध है ''जिस प्रकार सूक्ष्म सर्वव्यापी आकाश सर्वदा अलिप्त रहता है, उसी प्रकार सभी शरीरों में स्थित आत्मा लिप्त नहीं होती।''

(१३.२२)

यह एक सार्वभौम सत्य की उद्घोषणा मात्र न होकर मनुष्य को सर्वदा सुलभ पुरस्कार का एक आश्वासन भी है। इसके द्वारा मनुष्य के पृथ्वी पर देवत्व में रूपान्तरण की उस संभावना का भी स्पष्ट संदेश दिया गया है जो सारे संसार के विचारकों और दृष्टाओं का आकांक्षित स्वप्न रही है।

14

गुणत्रय और गुणातीत

मानापमानयोस्तुल्यस्तुल्यो मित्रारिपक्षयोः
सर्वारम्भ-परित्यागी गुणातीतः स उच्यते।

(१४.२५)

(जो मान और अपमान में सम, शत्रु और मित्र के प्रति सम, तथा सभी कार्यों में कर्तापन के भाव से मुक्त है, उसे गुणातीत कहा जाता है।)

चौदहवें अध्याय में श्रीकृष्ण प्रकृति के मूल तत्व सत्व, रज और तमोगुणों के स्वरूप, कार्य, कारण और उनकी शक्ति का विस्तार से वर्णन करते हैं। साथ ही यह भी स्पष्ट करते हैं कि इन गुणों से अतीत परमात्मा को प्राप्त मनुष्य के क्या लक्षण हैं।

हम सामान्यतया यह मान लेते हैं कि सृष्टि का निर्माता चूँकि सर्वशक्तिमान और सर्वज्ञाता है, अतः वह समस्त सद्गुणों का ही केन्द्र है। इस प्रकार हमारी यह भी धारणा बनती है कि यदि वह चाहे तो धरती को पूरी तरह से दोषमुक्त कर इसे संपूर्ण स्वर्ग में परिवर्तित कर सकता है। तथा चूँकि हमारे अनुभव में इस विश्वास को कदाचित ही समर्थन मिलता है, अतः हम ईश्वर के अस्तित्व के प्रति ही संदेह करने लगते हैं। कृष्ण हमें बताते हैं कि अच्छी, बुरी या मिश्रित श्रेणियाँ प्रकृति की सीमा में ही स्थित हैं तथा ईश्वर इनसे परे है। प्रकृति क्षेत्रीय अस्तित्व की इन श्रेणियों को ही सत्व, रज, और तमोगुण में बांटा गया है।

गुणत्रय और गुणातीत विषयक् इस ज्ञान को श्रीकृष्ण ने वह ''उत्तम और परमज्ञान'' कहा है जिसे प्राप्त कर साधक परम सिद्धि को प्राप्त हुए हैं तथा इसे धारण कर लेने के पश्चात् मनुष्य का प्रलयकाल में भी अन्त नहीं होता।

सबसे पहले चराचर की उत्पत्ति का रहस्य बताते हुए श्रीकृष्ण बताते हैं कि सभी प्राणी और पदार्थ प्रकृति और परमेश्वर के संयोग से ही उत्पन्न हुए हैं। इस सृजन कार्य में प्रकृति सभी की माता तथा वे गर्भ-स्थापना करने वाले पिता हैं—

''हे अर्जुन, मेरी मूल प्रकृति योनि-स्वरूपा है जिसमें मेरे गर्भ-स्थापन के परिणाम स्वरूप सम्पूर्ण भूतों की उत्पत्ति होती है।''

(१४.३)

परमेश्वर की इस वैभवशाली सन्तान को तब आगे बन्धन में कौन डाल देता है? कृष्ण बताते हैं कि प्रकृति के तीन गुण ही इस अविनाशी जीव को शरीर से बांधकर इसे न केवल पूरा संसारी बना देते हैं बल्कि जन्म और मृत्यु की अटूट-श्रखंला में भी डालते हैं।

प्रश्न उठता है कि क्या सतोगुण भी बांधता है? गीता बताती है कि तीनों ही गुण अपने-अपने अस्त्रों से अंततः बांधते ही हैं। सतोगुण सुखात्मक, रजोगुण रागात्कम और तमोगुण मोहासक्तियुक्त है। इनके बन्धनकारी अस्त्र क्रमशः ज्ञान, कर्म और प्रमाद हैं।

ये तीन गुण अलग-अलग अनुपात में प्रत्येक मनुष्य में विद्यमान हैं। यह हो सकता है कि एक मनुष्य में एक गुण की प्रधानता तथा दो अन्य गुणों की न्यूनता हो, किन्तु इनसे पूरी तरह से मुक्त कोई नहीं है। उदाहरणार्थ सत्व की प्रधानता में विवेक और चेतनता, रज की प्रधानता में प्रवृति और लालसा तथा तम की प्रधानता मे प्रमाद और मोह की अभिवृद्धि होती है।

वस्तुतः मनुष्य की यह त्रिपथ-यात्रा उसकी गतिशीलता की परिचायक है। किन्तु वास्तविक विकास सतोगुण के माध्यम से गुणातीत हो जाना है। जब शरीर के हेतु इन गुणों से जीवात्मा परे चली जाती है तो ऐसा मनुष्य ''जन्म, मृत्यु, वृद्धावस्था और सब प्रकार के दुःखों से मुक्त हुआ अमरत्व को प्राप्त कर लेता है।''

(१४.२०)

कृष्ण के अनुसार व्यवहार में ऐसा मनुष्य सत्, तम और रजोगुण के प्रभाव की स्थितियों में भी उनसे द्वेष नहीं करता तथा उनके निवृत्त होने पर उनकी आकांक्षा नहीं करता। वह सदा आत्मस्थ रहते हुए सुख और दुख को समान मानता है तथा मिट्टी, पत्थर और स्वर्ण के प्रति समान भाव रखता है।

ये विशेषतायें अध्याय दो में वर्णित स्थितप्रज्ञ के ही समान हैं जो निन्दा और स्तुति, मान और अपमान तथा भय और क्रोध में संतुलित रहता है। इन दो अवस्थाओं में अन्तर इतना है कि अध्याय दो में वर्णित स्थिति बुद्धियोग की उपलब्धि है जबकि इस प्रसंग में वर्णित यह अवस्था आध्यात्मिक विकास की वह स्थिति है जो श्रीकृष्ण द्वारा प्रदान किए गए सृष्टि रहस्य के व्यापक ज्ञान का परिणाम है।

15

परमात्म-पुरुषोत्तम

निर्मानमोहा जित-सङ्गदोषा अध्यात्मनित्या विनिवृत्त कामाः
द्वन्द्वैर्विमुक्ताः सुख दुःख सज्ञैर्गच्छन्त्यमूढ़ाः पदमव्ययं तत्।

(१५.५)

(जिनका मान और मोह नष्ट हो गया है, जिन्होंने आसक्ति के दोष को जीत लिया है, जो आध्यात्म में स्थित हैं, जिनकी कामनायें नष्ट हो चुकी हैं, जो सुख दुःस्वात्मक द्वन्द्वों से मुक्त हैं, ज्ञानीजन उस अविनाशी पद को प्राप्त होते हैं।)

परम् सत्य के उद्‌धाटन में मनुष्य की सबसे दुर्गम यात्रा सृष्टि की रचना और विधान के रहस्य को जानना रही है और इससे भी अनेक गुना दुष्तर कार्य सृष्टि नियंता परमेश्वर के गुण, प्रभाव और स्वरूप का वर्णन है जिसने मनुष्य की सारी बौद्धिकता और कल्पना का प्रायः तिरस्कार ही किया है। फिर ईश्वर, मनुष्य और दृश्यमान संसार के अन्योन्याश्रयी सम्बन्ध का ज्ञान भी कम महत्वपूर्ण नहीं है। गीता के पन्द्रहवें अध्याय में इन्हीं सनातन दार्शनिक प्रश्नों का व्यवहार में धारण किये जाने योग्य उत्तर दिया गया है।

श्रीकृष्ण के अनुसार संसार एक पीपल के वृक्ष की तरह है जिसका मूल ऊपर (परमेश्वर) है। इस वृक्ष की देव, मनुष्य और तिर्यक् आदि योनिरूप शाखायें नीचे और सर्वत्र फैली हुई हैं। वास्तव में इस संसार वृक्ष का स्वरूप जैसा कहा गया है, विचार करने पर वह वैसा प्रकट नहीं होता। इसका न तो आदि है, न अंत है और यह न ही यह सुप्रतिष्ठित भी है, किन्तु इसकी जड़ें बड़ी गहरी और मजबूत हैं।

श्रीकृष्ण यहाँ यह स्पष्ट संकेत देते है कि चूँकि इस वृक्ष का मूल परमेश्वर है, अतः उस दिशा में यात्रा करने वालों को इस आवागमन पूर्ण संसार में पड़े रहने का प्रश्न ही नहीं उठता है। वे वहाँ पहुँच जाते है जहाँ से उनकी वापसी नहीं होती। किन्तु संसार में रहते हूए भी मनुष्य अपने निर्वाह के लिए क्या करे?

कृष्ण का इसके लिए परामर्श है कि चूंकि यह वृक्ष अहंता, वासना और ममता से परिपुष्ट होता है अतः इसे असंगता के दृढ़ शस्त्र से काटा जा सकता है।

यहाँ यह ध्यान देने योग्य है कि पूर्व में दसवें अध्याय में श्रीकृष्ण ने अपने आपको वृक्षों में पीपल कहा है। अपनी विभूतियों को प्रकट करते हुए वे स्वयं को यदि उच्चैश्रवा, ऐरावत या कामधेनु कहते हैं तो कल्पवृक्ष भी कह सकते थे। किन्तु वास्तव में गीता की वास्तविक

विभूति तो निष्कामता है। यद्यपि पृथ्वी लोक में पीपल एक प्रकार से कल्पवृक्ष का ही प्रतीक है, क्योंकि भारतीय परम्परा द्वारा इसमें अनेकानेक देवताओं के वास के आधार पर इसमें सांसारिक सिद्धियों के प्रतिदान का आश्वासन है। किन्तु इतने "दृढ़" और विस्तार से इस "वृक्ष" की स्थापना श्रीकृष्ण किन्हीं कामनाओं की सिद्धि के लिए न कर इसे दृढ़तापूर्वक काटने के लिए कर रहे हैं।

इस वृक्ष की शाखाऐं अपने मूल से भिन्न कैसे हो सकती हैं और जीवात्मा का इसके मूल और शाखाओं से सम्बन्ध क्या है?

इस देह में यह सनातन जीवात्मा मेरा ही अंश है तथा प्रकृति में स्थित मन और पांचों इंन्द्रियों का आकर्षण करता है।

"जिस प्रकार वायु गंध के स्थान से गंध को ले जाता है वैसे ही जीवात्मा जिस शरीर का त्याग करता है उससे मन सहित इन्द्रियों को ग्रहण कर जिस शरीर को प्राप्त करता है, उसमें ले जाता है।"

(१५. ७-८)

गीता बताती है कि जीवात्मा इन्द्रियों के स्वामी के रूप में उनके विविध विषयों का सेवन करती है। यह संभव है कि वास्तविक दृष्टि सम्पन्न पुरुष इस अन्तवर्ती जीवात्मा को शरीर में रहते, अनुभव करते और इससे विदा होते हुए देख सके। वस्तुत: यह सत्य तभी उद्घाटित होता है जब आत्मस्थ परमेश्वर एक योगी के अनुभव में आता है।

इस प्रसंग में गीता पुरुषोत्तम परमेश्वर के स्वरूप का अत्यन्त दार्शनिक किन्तु बोधगम्य स्वरूप बताती है। उसके अनुसार पुरुषोत्तम ब्रह्म सूर्य, चन्द्रमा और अग्नि का भी तेज है। वह पृथ्वी की शक्ति, वनस्पतियों का रस और मनुष्यों का प्राण तत्व है। श्रीकृष्ण के अनुसार संसार में नाशवान और अविनाशी (क्षर एवं अक्षर) दो प्रकार के पुरुष हैं, किन्तु इन दोनों में उत्तम पुरुष तो अन्य ही है "क्योंकि मैं नाशवान क्षर से तो अतीत हूँ ही, अविनाशी जीवात्मा से भी उत्तम हूँ, इसलिए लोक और वेद में पुरुषोत्तम नाम से प्रसिद्ध हूँ।"

(१५.१८)

कृष्ण का आश्वासन है कि जब कोई परमेश्वर के इस स्वरूप को समझ लेता है तो वह सर्वज्ञ हो जाता है। गीता का यह ज्ञान भारतीय आध्यात्म के उस केन्द्रीय तत्व तक पहुंचा देता है जो हमें बताता है कि परमेश्वर एक है तथा प्रत्येक व्यक्ति इस परम चेतना का केन्द्र स्वयं है। इस प्रकार जो इस चेतना से साक्षात्कार कर पाते हैं उन्हें सारी विषमता और अनेकता में एकता का ही साक्षात्कार होता है।

१६

दैवी और आसुरी सम्पत्तियां

त्रिविधं नरकस्येदं द्वारं नाशानमात्मनः
कामः क्रोधस्तथा लोभस्तस्मादेतत्त्रयं त्यजेत्।

(१६.२१)

(काम, क्रोध तथा लोभ– ये तीन प्रकार के नरक के द्वार आत्मा का नाश करने वाले हैं। अतः इन तीनों का त्याग कर देना चाहिए।)

हम प्रायः सभी समाज और मानव व्यवस्थाओं में सुनते रहे हैं कि देव तथा असुरों के रूप में अनेक समवर्त्ती सूक्ष्म शक्तियाँ है। बौद्धिक दृष्टि से विचार करने पर प्रायः यही निष्कर्ष निकलता है । ऐसी शक्तियाँ न भी हों तब भी एक मनुष्य के उत्थान और पतन की अनन्त संभावनाओं को देखते हुए इन्हें देव और दानवों की कोटि में बांटा जाना ही अधिक व्यवहारिक प्रतीत होता है। "देवासुर-सम्पदविभाग योग" के नाम से ज्ञात इस अध्याय में श्रीकृष्ण मानव प्रकृति के इस विस्तार की सटीक व्याख्या करते हैं।

पूर्व में सातवें तथा नवें अध्याय में दैवी और आसुरी प्रकृति युक्त मनुष्यों का श्रीकृष्ण इस अर्थ में उल्लेख कर चुके हैं कि आसुरी प्रकृति के लोग जहाँ उनका तिरस्कार करते हैं वहीं दैवी प्रकृति से युक्त महात्माजन उनका निरन्तर भजन करते हैं। स्वभावतः यह प्रश्न उठता है कि दैवी और आसुरी प्रकृति के मनुष्यों की विशेषतायें क्या हैं? कृष्ण के अनुसार दैवी सम्पत्ति के अर्न्तगत अभय, अन्तःकरण की निर्मलता, ज्ञान और योग में स्थिति, दान, दम, यज्ञ, स्वाध्याय, तप तथा सरलता है।

ऐसे व्यक्ति में अहिंसा,सत्य, अक्रोध, त्याग, शांति, निन्दारहितता, दया, अलोलुपता, कोमलता तथा व्यर्थ चेष्टाओं का अभाव होता है। और उसमें तेज, क्षमा, धैर्य, शुचिता, अद्रोह तथा अपनी श्रेष्ठता के भाव का अभाव होता है।

इस प्रकार दैवी सम्पत्ति सम्पन्न व्यक्ति की ऐसी कुल सत्ताइस विशेषताओं के उल्लेख के साथ श्रीकृष्ण आसुरी वृत्तियों का सविस्तार वर्णन करते हैं । वे बताते हैं कि आसुरी सम्पदावालों में सदाचार का अभाव,अनास्तिकता, काम, दम्भ, मान, मद, मोह आदि की प्रधानता तथा अहंकार युक्त अनेक आकांक्षाऐं होती है। साधारणतया उनके विचार इस प्रकार के होते हैं–

"मैंने आज यह प्राप्त कर लिया है और इस मनोरथ को अब प्राप्त कर लूँगा। मेरे पास इतना तो है, यह इतना और हो जायेगा।"

"वह शत्रु मेरे द्वारा मारा जा चुका है और उन दूसरों को भी मैं मार डालूंगा। मैं स्वामी, सिद्ध, बलवान, योगी और सुखी हूँ।"

(१६.१४-१५)

कृष्ण के अनुसार इस प्रकार के अहंकारी और दुष्प्रवृत्तियों वाले लोग नाना प्रकार के दु:खो में पड़ते हैं और संसार उनके लिए नर्क जैसा ही है। चूंकि वे अज्ञान से ग्रस्त होते हैं अत: जन्म और मृत्यु की श्रृंखला उनके लिए प्रगाढ़तर हो जाती है।

इस अध्याय में कृष्ण की शिक्षा पूरी तरह से व्यवहारिक है। प्राय: प्रत्येक समाज के श्रेष्ठ विचारको के नैतिक आदर्श इसी प्रकार के रहे है। यहाँ महत्वपूर्ण तथ्य व्यक्ति की वह स्वतंत्र इच्छा शक्ति है जिस पर श्रीकृष्ण पर्याप्त जोर देते हैं। संसार तो गुण-दोषों की खान है ही। इनमें से विकल्प स्वीकार कर लेने की क्षमता और पात्रता मनुष्य में हैं। अक्सर अच्छे और बुरे के चुनाव में भी मनुष्य के सामने भ्रम काम किया करता है। अत: जब हमें कष्ट मिलतें हैं तो हम ईश्वर को इस बात के लिए दोष देने लगते हैं कि वह हमें क्षमा करने में समर्थ होते हुए भी दंण्डित ही किए जा रहा है। कृष्ण ने कहा है कि ईश्वर व्यक्ति के विकल्प चयन में हस्तक्षेप नहीं करता। कार्य और कारण की व्यवस्था उसकी प्रकृति द्वारा प्रवर्तित होने से अपना कार्य वह स्वत: करती है।

एक योगी स्वयं की किस प्रकार सहायता कर सकता है?

गीता बताती है कि योग से ज्ञान की प्राप्ति होती हैं। एक योगी में शुद्ध ज्ञान का बल, प्रतिभाषित होता है तो उसका चुनाव सही विकल्प के लिए ही होता है। यहाँ तक कि जब वह एक युद्धभूमि में मानव संहार जैसे जघन्य कृत्य को भी करता है, उसका कार्य कर्मयोग की कोटि का होने के कारण वह इस कार्य के प्रभाव और फल से मुक्त रहता है।

17

मानव व्यवहार की तीन श्रेणियाँ

अनुद्वेगकरं वाक्यं सत्यं प्रियहितं च यत्
स्वाध्यायाभ्यसनं चैव वाङ्मयं तप उच्यते।

(१७.१५)

(जो उद्वेग न करनेवाला, प्रिय हितकारी और यथार्थ कथन है तथा जो स्वाध्याय और अभ्यासपरक है, उसे वाणी का तप कहा जाता है।)

गीता का सोलहवाँ और सत्रहवाँ अध्याय मानवीय, सामाजिक और पारमार्थिक आदर्शों की भूमिका है। इनमें कृष्ण मानवीय आचरण की नैतिकता का व्यवहारिक विश्लेशण करते हैं। यह स्पष्ट है कि कृष्ण का अर्जुन को प्रदान किया गया संदेश भारतीय आध्यात्म की एक विशेष विचार भूमि पर स्थित है। यहाँ तक कि कर्म और अकर्म के विश्लेषण में कृष्ण शास्त्र विहित कर्म जैसे:- यज्ञ, दान, तप, पूजन आदि की महत्ता प्रतिपादित करते हैं। स्पष्टतया इस प्रकार के आचरण की पृष्ठभूमि में विशेष अध्ययन और अध्यवसाय की पूर्वप्रेक्षा प्रकट होती है। इसी भाव भूमिका में इस अध्याय के आरम्भ में अर्जुन कृष्ण से यह जानना चाहता है कि जो शास्त्र विहित विधि को छोड़कर केवल श्रद्धापूर्वक ही पूजन या कर्मानुष्ठान करते है उनकी वास्तविक स्थिति की श्रेणी क्या होगी?

गीता के अनुसार सत्व, रज और तम मानवीय प्रकृति के मुख्य तत्व हैं। इनकी पृथक-पृथक प्रधानता के आधार पर मनुष्य के स्वभाव, आचरण, स्थिति और व्यवहार की स्पष्ट सीमा रेखायें बनती हैं।

सबसे पहले श्रृद्धा या विश्वास को लिया जाय। यह मनुष्य की बुद्धि के स्तर की परिचायक है। सत्व प्रधान व्यक्ति देवों, रज प्रधान व्यक्ति, यक्ष और राक्षस तथा तम प्रधान व्यक्ति भूत प्रेतादि की पूजा करते हैं। यहाँ तक कि अहंकारपूर्वक तप द्वारा शरीर को सुखाने वाले ईश्वर को कभी प्राप्त नहीं कर पाते।

भोजन, यज्ञ, तप, दान आदि भी उक्त तीन श्रेणियों में विभाजित किये जा सकते हैं। सत्वगुण युक्त व्यक्ति मीठा, सुपाच्य, हल्का, आयु और बुद्धिवर्धक; रजोगुण सम्पन्न तिक्त, उष्ण, तीक्ष्ण तथा तामसिक उच्छिष्ट, बासी और दुर्गन्धयुक्त भोजन ग्रहण करते हैं ।

इसी तरह जो यज्ञ बिना किसी फल की आकांक्षा तथा कर्तव्य बोध से किया जाता है, वह सात्विक, जो कर्ताभाव से फलेच्छा सहित किया जाता है राजासिक तथा जो शास्त्रविधि से रहित अश्रृद्धापूर्वक सम्पन्न किया जाता है वह तामसिक कोटि का है।

कायिक, वाचिक और मानसिक तप के उदात्त रूपों का चित्रण करते हुए कृष्ण भोजन, यज्ञ तप और दान को श्रद्धा फलांकाक्षा और कर्तव्य के भाव के आधार पर सात्विक राजस और तामस श्रेणियों में विभाजित करते है।

यहाँ ध्यान देने योग्य बात यह है कि तीन गुणों में श्रेणीकरण के लिए श्री कृष्ण ने भोजन, यज्ञ, तप और दान आदि मानवीय व्यवहार के उन प्रश्नों को लिया है जो सार्वजिक और सार्वभौम तौर पर वांछनीय तथा लोक कल्याणकारी हैं। किन्तु गीताकार के अनुसार इन कार्यों की उत्तमता मात्र कृतित्व न होकर उसकी प्रक्रिया है। इसके अर्न्तगत स्थापित व्यवस्था के अतिरिक्त कर्तव्य के प्रति हार्दिकता भी होनी आवश्यक है। किन्तु सबसे महत्वपूर्ण मापदण्ड तो गीताकार का केन्द्रीय सूत्र फलांकाक्षा शून्यता और कर्तापन का अभाव ही है।

इस प्रकार विचार करने पर यह स्पस्ट होता है कि गीता के दूसरे से पांचवे अध्याय मे विशेष रूप से तथा यहाँ सामान्यतया इसके केन्द्रीय स्वर "कर्मयोग" का उदाहरण पक्ष प्रस्तुत किया गया है। सात्विक, राजस और तामसिक गुण की इन श्रेणियों का विस्तार जीवन के अनेक पहलुओं में किया जा सकता है। यहाँ यह भी ध्यान देने योग्य है कि गीताकार सत्वगुण पर स्वभावत: प्रत्येक जगह अधिक जोर देता है क्योंकि इसी स्थिति से ही गुणातीत होना संभव है जो कि मानवीय साधना का मुख्य ध्येय है।

यह तो स्पष्ट है कि सत्वगुण के प्रधान होते हुए भी मनुष्य में पुरुषार्थ का बोध काम करता है। मानवीय विकास की यात्रा का यह कोई पड़ाव नहीं है। मनुष्य की वास्तविक विकास-यात्रा तो उसके आदि में पहुँचने की ही है।

गीता के अनुसार - "ॐ तत् सत् यह परमेश्वर का नाम है। इसी से आदिकाल में सृष्टि, मनुष्य, वेद तथा यज्ञादि रचे गये।

"इसीलिए श्रेष्ठ पुरुषों द्वारा शास्त्रविभि से नियत यज्ञ, दान और तप क्रियाऐं ॐ इस उच्चारण से आरम्भ की जाती हैं।"

(१७.२३-२४)

इस सूत्र के महत्व को अच्छी तरह से समझा जाना महत्वपूर्ण है। सृष्टि-चक्र एक सतत् प्रवहमान धारा है। मनुष्य का इसका एक अंग होने के साथ-साथ इसकी निर्माण प्रक्रिया में भी योग आवश्यक है। अत: जब प्रत्येक कार्य करने के पूर्व परमात्मा के नाम का स्मरण किया जायेगा तो सृष्टि रचना के मूल और समन्वित लक्ष्य की प्राप्ति की दिशा में ही हमारी निश्चित चेष्टा होगी।

18
सत्य से साक्षात्कार

न द्वेष्ट्य कुशलं कर्म कुशले नानुषज्जते
त्यागी सत्व-समाविष्टो मेधावी छिन्नसंशयः।

(१८.१०)

(जो मनुष्य अकुशल कर्म से द्वेष नहीं करता और कुशल कर्म में आसक्त नहीं होता, सत्व में स्थित संशय रहित वह बुद्धिमान और सच्चा त्यागी है।)

गीता के दूसरे अध्याय के ग्यारहवें श्लोक ''अशोच्यानन्वशोचस्त्वं'' से कृष्ण के वास्तविक संदेश का आरम्भ होता है। वे अपने उपदेश का आरम्भ यद्यपि ज्ञानयोग से करते हैं किन्तु उनका जोर कर्मयोग पर लगातार दिखाई देता है। ज्ञान-योग के संदर्भ में जहाँ इच्छाओं से संन्यास का संकेत है, वहीं कर्मयोग के संदर्भ में फल के त्याग का उल्लेख किया गया है। सन्यास का सीधा-साधा अर्थ सभी कर्मों का त्याग आसानी से लिया जा सकता है। तीसरे अध्याय के आरम्भ में तो अर्जुन का निष्कर्ष भी लगभग ऐसा ही है जब उसने कृष्ण से पूछा—

''तत्किं कर्मणि घोरे मां नियोजयसि केशव''

(केशव, फिर मुझे इस भयंकर कर्म में क्यों प्रयुक्त कर रहे हो?)

अठारहवें अध्याय के आरम्भ में अर्जुन ने सार रूप में सन्यास और त्याग की वास्तविकता को जानना चाहा है। श्रीकृष्ण ने इस प्रश्न के उत्तर में तत्काल अपने सिद्धान्त को प्रतिपादित करने के स्थान पर कुछ विचार कुशल पुरुषों के मतों का उल्लेख किया है। पारंपरिक आधार पर सन्यांस कर्मों तथा त्याग कर्मफल का त्याग माना गया है, किन्तु कर्म के त्याग में मतान्तर है। जहाँ कुछ विचारक कर्म मात्र को ही दोषयुक्त मानकर सभी कर्मों के त्याग की आवश्यकता बताते है वहीं कुछ अन्य विचारक कामनाओं की पूर्ति करने वाले कर्मों के त्याग का समर्थन करते हैं। इस सम्बन्ध में कृष्ण का मत और निष्कर्ष गीता के कर्मयोग का सार स्वरूप है। वास्तव में गीता मनुष्य के सामने उपलब्ध ज्ञान और कर्म के उन सनातन विकल्पों का रहस्य खोलती है जिनके चयन में सामान्यतया वह त्रुटि करता है।

अपने चयन की श्रेष्ठता और सुविधा के मान से मनुष्य कर्म की तुलना में ज्ञान का चुनाव करना चाहता है। श्रीकृष्ण गीता में यथाप्रसंग बार-बार इस भ्रम को तोड़ते हैं तथा कर्म को ही अधिक स्वाभाविक, सुविधाप्रद तथा वांछनीय बताते हैं।

कृष्ण की स्थापना है कि मनुष्य को कर्म और फल के प्रति आसक्ति से रहित होकर नियत कर्म करना चाहिए। नियत कर्म के अन्तर्गत उनके अनुसार वर्ण, आश्रम, स्वभाव और परिस्थिति की अपेक्षा से यज्ञ, दान, तप, स्वाध्याय, युद्ध, पशुपालन, कृषि, व्यापार, सेना और खानपान आदि आते हैं। यदि इन कर्त्तव्यों को कोई मनुष्य शारीरिक क्लेश की अवधारणा से नहीं करता है तो इस त्याग का फल उसे नहीं मिलता। अपने नियत अकुशल कर्म के प्रति भी मनुष्य का द्वेष रखना अनुचित है। और वास्तव में कर्म का त्याग एक देहधारी मनुष्य के लिए संभव ही नहीं है। अत: वह एक त्यागी की कोटि में तभी आ सकता है जबकि उसके द्वारा कर्मफलों का त्याग कर दिया गया हो। ऐसे मनुष्य सभी कालों में कर्म के प्रारब्ध भाग से भी मुक्त हो जाते हैं।

पूर्व में कृष्ण ने कहा है कि एक मनुष्य का नियंत्रण अपने कर्मों पर ही हो सकता है, उसके फल पर नहीं । वे यहां पुन: आत्मा का अकर्तृत्व सिद्ध करने के लिए सांख्य शास्त्र में वर्णित उन पांच हेतुओं का उल्लेख करते हैं जो कर्म का स्वरूप निर्धारित करते है। उनके अनुसार–

"कर्मों की सिद्धि में अधिष्ठान, कर्ता, भिन्न-भिन्न प्रकार के कारण, नाना प्रकार की चेष्टाऐं और पांचवा हेतु दैव है"

(८.१४)

उदाहरणार्थ यदि कार्य कृषि का है तो यह विचारणीय है कि खेत की भूमि कैसी है– उर्वरा या बंजर, काम करने वाला कृषक स्वस्थ है अथवा बीमार, उसके कृषियंत्र विकसित हैं अथवा नहीं तथा वह कितना और कैसा परिश्रम करता है, आदि अन्त में दैव अर्थात् वर्षा, धूप, हिमपात या चक्रवात आदि का प्रश्न उठेगा।

मन, वाणी अथवा क्रिया से सम्पादित किया जाने वाला प्रत्येक कर्म इन्हीं पांच कारणों से प्रभावित होता है। स्वभावत: जो इस सिद्धान्त को समझता है, वह अकर्ताभाव से कर्तव्य करता है। कृष्ण के अनुसार–

"जिस मनुष्य के अन्त:करण में मैं करता हूँ ऐसा भाव नहीं है तथा जिसकी बुद्धि कर्मों में लिप्त नहीं होती, वह पुरुष इस संसार में गार कर भी न तो वास्तव में मरता है और न ही पाप से बंधता है।"

यह अर्जुन के उस प्रश्न का सीधा और सुस्पष्ट उत्तर है जो अर्जुन ने गीता के आरम्भ में पूछा था। अर्जुन को आशंका थी कि युद्ध भूमि में अपने निकटस्थ जनों को मार कर वह पाप को अर्जित करेगा। साधारण बुद्धि से सामान्यतया यही निष्कर्ष निकलता है और वास्तव में यदि केवल मारने की बुद्धि और आसक्त भाव से कोई युद्ध भी कर रहा है तब भी वह एक प्रकार से हिंसा में ही तो लिप्त है। किन्तु कृष्ण का संदेश तो हिंसा से बहुत दूर है। उनका यह संदेश केवल विजेता अर्जुन के लिए ही नहीं है। यह तो आक्रान्ता और आक्रान्त दोनों पर ही समान रीति से लागू होता है। इस विवेक बुद्धि से लड़ने वाले युद्ध सर्वथा हिंसा से दूर ही हैं क्योकि वह न तो इससे आसक्त है और न ही उसे किसी फल की चाह है।

आगे चलकर कृष्ण समाज व्यवस्था में नियत कर्म का व्यवहारिक विश्लेषण प्रस्तुत करते हैं। वे अर्जुन को बताते हैं कि एक मनुष्य को उसके स्वभाव और स्थापित व्यवस्था में चलकर ही जीवन में सफलता प्राप्त हो सकती है। इस समाज तथा संसार के क्रमिक विकास के लिए प्रत्येक मनुष्य का इस प्रकार का योग आवश्यक है।

> "हे कुन्ती पुत्र दोषयुक्त होने पर भी सहज कर्म को नहीं त्यागना चाहिए क्योंकि सभी कर्म किसी न किसी रूप में दोषयुक्त होते हैं।"

(१८.४९)

कृष्ण का कहना स्पष्ट है। यदि अर्जुन अहंकार पूर्वक यह भी निर्णय ले लेता है– "मैं नहीं लड़ूंगा" तब भी प्रकृति निर्धारित कर्तव्य के करने को उसे विवश ही करेगी। अन्तत: कृष्ण अर्जुन को गोपनीय से भी गोपनीय ज्ञान प्रदान करते हैं।–

> " हे अर्जुन, ईश्वर सभी प्राणियों के हृदय में स्थित है तथा वह अपनी माया से सभी प्राणियों के शरीर रूपी यंत्र में आरूढ़ होकर उसे परिचालित करता है।"

(१८.६१)

किन्तु इस गुह्यतर ज्ञान के पश्चात् भी अर्जुन को परम गोपनीय ज्ञान प्रदान किये जाने के लिए अभी शेष है। यह ज्ञान भी अर्जुन को कृष्ण इसलिए प्रदान करते हैं क्योंकि उसमें उन्होंने वांछनीय समर्पण वृत्ति देखी है।

> "सम्पूर्ण धर्म अर्थात् कर्मों का त्याग कर तुम केवल मेरे प्रति समर्पित बनो, मैं तुम्हें सम्पूर्ण पापों से मुक्त करूंगा। तुम शोक मत करो"

(८.६)

अंत में कृष्ण अर्जुन को यही विकल्प देते हैं कि इतना सब सुनने व जानने के पश्चात् वह वही करे जिसे वह ठीक समझता है। यह अत्यन्त महत्वपूर्ण है। पहले कृष्ण अर्जुन को कर्म के प्रति निष्कामता उत्पन्न करने की शिक्षा देते हैं तथा पश्चात् उसे अपनी इच्छा के अनुसार कार्य करने का विकल्प भी देते हैं। वास्तव में मनुष्य की स्वतंत्र इच्छा की यही विडम्बना है। निष्कर्ष यही निकलता है कि कर्म के प्रति निष्कामता का अर्थ अकर्म नहीं है। वस्तुत: यह एक ऐसा जागरण है जिसे "कर्मयोग" से प्राप्त किया जा सकता है। अत: अन्त में कृष्ण अर्जुन से पूछते हैं कि क्या अर्जुन ने उनकी बात को ध्यानपूर्वक सुना है तो अर्जुन का उत्तर निश्चयात्मक है –

> "हे अच्युत, आपकी कृपा से मेरा मोह नष्ट हो गया है। मैने स्मृति प्राप्त कर ली है और मैं संशय रहित हूँ। मैं आपकी आज्ञा का पालन करुंगा"।

(८.७३)

कृष्ण जहाँ मानवीय विकास की परिपूर्णता हैं वहीं अर्जुन एक धनुर्धारी है। प्रश्न उठता है कि एक महायोगी का किसी धनुर्धारी से जोड़ का क्या अर्थ हुआ? योगीजन ऐसी अनेक कथाऐं कहते हैं जिनमें योगविद्या की तुलना धुनर्विद्या से की जाती है। वास्तव में धनुर्विद्या भी

एक दीर्घ अभ्यास से संबध रखती है। यहाँ तक कहा गया है कि कुछ प्रशिक्षक अनेक वर्ष धनुष उठाने, धनुष की प्रत्यंचा खींचने, धनुष पर तीर चढ़ाने आदि की शिक्षा में ही लगा देते हैं। इसके पश्चात् एक समय ऐसा आता है जब धर्नुधारी यह नहीं कह सकता कि उसने धनुष उठाया है या धनुष ने ही हाथ खींच लिया है, प्रत्यंचा स्वत: हाथ को आकृष्ट कर रही है या हाथ उसे खींच रहा है। गीता की अंतिम पंक्तियाँ गीता द्वारा प्रदर्शित योग मार्ग की न केवल सम्पूर्ण फलश्रुति है बल्कि इस पथ पर चलने वालों के लिए सार्वकालिक और सार्वभौम आश्वासन भी —

> " जहाँ योगेश्वर श्रीकृष्ण हैं और जहाँ धर्नुधारी अर्जुन है वहीं पर श्री विजय, विभूति और अचल नीति है ऐसा मेरा मत है"

(१८-७८)

परिशिष्ट - १

अग्नि योग

वेलेन्तीना[1] की अग्नि योग साधना के प्रसंग में मुझे इस सदी के तीसरे दशक के रहस्यवादी अंग्रेजी कवि डबल्यू० बी० ईट्स की "बाईजेन्शियम" (स्वर्णलोक) कविता शृंखला की ये पंक्तियाँ बहुत प्रसंगानुकूल लगती हैं :—

दीवाल पर स्वर्णिम मोजेक से
प्रभु की पवित्र अग्नि में खड़े
ओ ऋषियों
बाहर आओ
एक गोल घेरे में
मेरी आत्मा के स्वामी
गीत गाओ
पशुता से बंधे
इच्छाओं के दास
अपने आप से बेखबर
इस हृदय को गलाओ
ले लो मुझे भी अपने साथ
और इसे चिरन्तन बनाओ।

कई घंटों की चर्चा के बाद वेलेन्तीना मुझसे पूछती है— "आप अग्नियोग के विषय में क्या जानते हैं?" पेशे से पत्रकार वेलेन्तीना राजधानी दुशांबे के अग्रणी सांध्य दैनिक "ईवनिंग दुशांबे" के लिए सात जून १९८९ को संध्या सात बजे दुशांबे की "इरोदा योग कोआपरेटिव" मे इस केन्द्र पर रिपोर्ट तैयार करने आई है। मुझे आर्श्चय हुआ कि वेलेन्तीना ने योग की हठ और राजयोग दोनों ही मुख्य श्रेणियों को समझने की जिज्ञासा की। मेरे सामान्य अनुमान से इस योग केन्द्र के अध्यक्ष व मुख्य प्रशिक्षक अब्दुल बहाव के तर्जुमा द्वारा किसी अखवार के लिये भारतीय योग विषयक यह एक इंटरव्यू लिया जा रहा था। किन्तु जल्दी ही वेलेन्तीना की अनुभवी भूरी आँखों की गहरी व पैनी दृष्टि मुझे स्वयं उसकी गहन अनुभूतियों को झांकी देने लगी।

---

[1] भूतपूर्व सोवियत गणराज्य ताजिस्तिान की राजधानी दुशाम्बे से प्रकाशित समाचार पत्र की सहायक संपादिका वेलेन्तीना चेमोफियानोवा।

वेलेन्तीना से चार बैठकों में मेरी करीब २० घण्टे बातचीत हुई। मैंने एक शासकीय फ्लैट की दूसरी मंजिल में स्थित उसका वह आवास भी देखा जिसमें वह पिछले २५ वर्षों से प्राय: अकेले रहकर रहस्य लोक की स्वामिनी बनी हुई है। उसने मुझे अपनी डबल दूसरी वेलेन्तीना इवानकोवा को भी घर पर मिलाया जिसके अनुभव हमेशा उसके अनुभव के पूरक हैं। वे दोनों यद्यपि काफी दूर रहती हैं व अकस्मात् ही कुछ वर्ष पूर्व मिली हैं, किन्तु उनका मिलना जैसे पहले से नियत था। इनमें से एक का अनुभव प्राय: दूसरे के समान अनुभव को प्रमाणित व पुष्ट करने के लिए ही होता है।

उसका यह घर भी जैसे उसके लिये ही बनाया गया था। हालांकि यह एक फ्लैट है जिसके तीन मंजिली इन आवासों में अनेक परिवार रह रहे हैं। सन् १९६५ में जब वह अपने भावी पति के साथ इसमें पहली शाम कमरे में खड़ी हुई थी तो दरवाजे बन्द होने के बाद भी उन दोनों ने एक आदमी को बरामदे में मुस्कराते खड़ा देखा। यद्यपि उसे बचपन से ही कुछ विचित्र व अलौकिक अनुभूतियाँ होती थीं, किन्तु एक अशरीरी की उपस्थिति का उसका यह आभास पहला था। उसके मित्र ने उस तीसरे व्यक्ति से पूछा कि "मकान तो बन्द है, तुम कौन हो और यहाँ कैसे आये?" उस व्यक्ति ने जवाब दिया कि "मैं इस मकान का निर्माता हूँ। इसे मैनें इनके लिए बनाया है।" इतना कहकर वह उन लोगों के देखते-देखते दीवाल के पार चला गया।

वेलेन्तीना का यह पति कुछ वर्ष तक उसके साथ रहकर चल बसा। उसने दूसरी शादी भी की, किन्तु उसका साथ भी केवल कुछ ही वर्षों का रहा। उसके दो बच्चे हुये, किन्तु उनमें से कोई जीवित नहीं है। इसका मानना है कि इन पराशक्तियों द्वारा उसके माध्यम से सम्पन्न हो रहे अनेक प्रयोग उसके अकेले होने की स्थिति में ही संभव थे। अब उसके परिवार में कोई नहीं है। हालांकि वह यह स्थान छोड़ना चाहती है, उसने कई वर्षों से अपने बंधे हुये सामान को भी मुझे बताया, किन्तु किसी न किसी कारण से या तो उसका जाना रुक जाता है अथवा उसके स्थान पर जब कोई दूसरा आने को तैयार भी होता है तो जल्दी ही उसके साथ कुछ अघटनीय घट जाता है।

मैं वेलेन्तीना को बताता हूं कि योग पद्धतियों पर भारत में बहुत विचार व अभ्यास हुआ है किन्तु "अग्नियोग" के संबंध में कोई उल्लेख या विवरण मुझे ज्ञात नहीं है। इसका प्रकट कारण यह है कि योग एक व्यक्ति की चेष्टा का परिणाम है। मनुष्य की चेष्टा, ज्ञान, भक्ति या क्रिया आदि किसी भी रूप में हो सकती है। इस योग का लक्ष्य या परिणाम अन्तत: अद्वैत की प्राप्ति है। अत: सिद्धान्तत: योग मार्ग का आधार मानवीय अस्तित्व का कोई मूल तत्व ही होना चाहिए।

वेलेन्तीना ने विश्व की हाल की अनेक ऐसी घटनाओं के पूर्वाभास, वास्तविक घटना की तिथि, परिणाम और यथातथ्य स्थिति के मुझे अनेक विवरण दिये। मेरे दुभाषिया अब्दुल बहाव का मत था कि ऐसी सभी घटनाओं को उसे समय पूर्व प्रकाश में लाना चाहिए, ताकि मनुष्य जाति को समय रहते हुए अपनी सुरक्षा की चेष्टा के लिए सचेत किया जा सके। किन्तु वेलेन्तोना

यह जानती है कि आम तौर से इसकी पूर्व घोषणा को लोग उसका पागलपन या "स्टन्ट" मानेंगे व इसकी उत्तर चर्चा लोकप्रियता का कोई नुस्खा । सम्भव है कि आगे उसके अनुभवों को वैज्ञानिक निष्कर्षों की संगति प्राप्त हो जाय। इनके प्रकटीकरण का वही उपयुक्त समय होगा।

मैंने वेलेन्तीना से कहा कि हठयोग में शारीरिक क्रियायें, राजयोग में मानसिक अभ्यास और भक्तियोग में हृदय की परिशुद्धि योग की परिचित शैलियाँ हैं। स्वभावत: जब हम "अग्नियोग" की बात करते हैं तो यह मानने का कारण बनता है कि इस योग पद्धति में अग्नि प्रधान साधन होना चाहिए। वेलेन्तीना अंग्रेजी या हिन्दी नहीं जानती है उसकी रूसी भाषा में बार-बार "अग्नियोग" का नाम सुनने पर जब अपने दुभाषिया के मार्फत मैने यह पूछा कि वह अग्नि का क्या अर्थ जानती है तो वेलेन्तीना ने पास में ही रखी माचिस की तीली जलाते हुए कहा "एता अग्नि"।

मैंने यह भी कहा कि योग का आशय किसी मूल से जुड़ना है। इस अर्थ में "अग्नि" को पांच प्रधान तत्वों में से एक मानकर यदि उसके मूल और सूक्ष्मतर तत्व में तिरोहित होने का भाव लिया जाता है तो फिर क्या पृथ्वी योग, जलयोग, वायुयोग और आकाश योग की स्थिति की भी कल्पना नहीं करनी होगी?

तंत्र योग के षटचक्र मूलत: इन्हीं तत्वों की प्रधानता पर आधारित हैं। मूलाधार में पृथ्वी, स्वाधिष्ठान में जल, मणिपूर में अग्नि, अनाहत में वायु और विशुद्धि में आकाश तत्व की स्थितियाँ मानी गयी हैं।

ऐसा नहीं है कि तत्कालीन सोवियत रूस में "अग्नियोग" की चर्चा करने वाली वेलेन्तीना एक मात्र है। करीब पच्चीस वर्षों से स्वामी शिवानंद डिवाईन लाईफ, सोसायटी ऋषिकेश के मानस अनुयायी निकोलेस विलीचेंकों ने मुझे बताया कि इस संबंध में रूसी भाषा में कुछ साहित्य भी उपलब्ध है। इसका श्रेय उस रूसी दंपति को जाता है जो करीब ५०-६० वर्ष पहले हिमालय में वास करते थे व उनके अभी भी वहाँ कुछ अनुयायी हैं। किन्तु वेलेन्तीना का दावा है कि वह ज्ञान को सीधे ही प्राप्त कर रही है। वास्तव में इस प्रकार की सामग्री उसके प्रत्यक्ष अनुभव को प्रमाणित व पुष्ट ही करती है।

गीता में भी योग एक व्यापकतर अर्थ में प्रयुक्त हुआ है। कर्म, ज्ञान, सांख्य, भक्ति आदि पारम्परिक योग विधाओं के साथ-साथ इसमें विषाद योग, सन्यास योग, कर्म सन्यास योग, आत्मसंयम योग, विश्वरूप दर्शनयोग, अक्षर ब्रह्म योग, राजविद्या राजगुह्य योग, विभूति योग, ज्ञान विज्ञान योग, क्षेत्र क्षेत्रज्ञ विभाग योग, श्रद्धात्रय विभाग योग और कर्मसन्यास योग आदि गैर पारम्परिक योग भी वर्णित हैं । स्पष्टत: यहाँ योग का अर्थ विश्लेषणात्मक ज्ञान अर्थात् इनके विशेष ज्ञान (विज्ञान) से ही प्रकट है।

मैंने वेलेन्तीना को बताया कि कठोपनिषद् में नचिकेता ने यमराज से द्वितीय वरदान अग्निविद्या का ही प्राप्त किया था। नचिकेता का कहना था 'हे मृत्यो, स्वर्ग में कुछ भी भय नहीं है, वहाँ न आप (मृत्यु) हैं न किसी बुढ़ापे का भय है। वहाँ भूख, प्यास और शोक से

परे पुरुष बड़ा आनन्द भोगता है। आप उस स्वर्ग के साधनभूत अग्नि को यथार्थ रूप से जानते है। अत: मुझे श्रद्धावान को आप इसे बतलाईये।''

यमराज का उत्तर था 'हे नचिकेता, यह अग्नि अनन्त लोक की प्राप्ति का साधन और विराट जगत की प्रतिष्ठा का मूल कारण है। उसे तुम विद्वानों की बुद्धि रुप गुहा में स्थित जानों'' इसके अनन्तर यमराज ने नचिकेता को यज्ञकुण्ड के निर्माण में लगने वाली ईटों का स्वरूप और उनकी संख्या का बोध कराकर अग्नि धारण की विधि भी समझाई। जब नचिकेता ने यमराज द्वारा कही हुई सारी बातों को दुहरा दिया तो यमराज ने एक अतिरिक्त वरदान अपनी ओर से नचिकेता को देते हुए कहा कि ''यह अग्नि अब तुम्हारे ही नाम से लोक में प्रसिद्ध होगी।'' कहा गया है कि इस प्रकार जो नाचिकेता अग्नि के स्वरूप, संख्या और आहुति देने की प्रणाली को जानकर उसकी उपासना करता है, वह देह त्याग से पहले ही मृत्यु के पास को तोड़ कर शोक रहित हो स्वर्ग में आनन्द भोगता है।

पारम्परिक आधार पर इस अग्नि विद्या का आशय भारतीय यज्ञ विषयक कर्म काण्ड और ज्ञान का समन्वय स्थापित करना है। कृष्ण के अनुसार द्रव्य यज्ञ, तपयज्ञ आदि के स्थान पर ज्ञानयज्ञ सर्वथा श्रेष्ठतर है। आत्म संयम की अग्नि में इन्द्रियों की आहुति, इन्द्रियों की अग्नि में विषयों की आहुति तथा प्राण में अपान की आहुति अग्नि को ''अग्नियोग'' की सार्थकता प्रदान करती है। यहाँ वृहदारण्यक और छांदोग्य उपनिषद में राजा प्रवाहण द्वारा श्वेतकेतु को उसके पिता उद्दालक गौतम सहित विभिन्न तत्वों के रूप में अग्नि की उपासना-पंचाग्नि विद्या का रहस्य उल्लेखनीय है ।

श्वेतकेतु से राजा प्रवाहण ने निम्न पांच प्रश्न पूछे थे जिनके कि श्वेतकेतु तथा उसके पिता उद्दालक गौतम को उत्तर ज्ञात नहीं थे–

१. इस लोक से जाने पर प्रजा कहाँ जाती है?
२. वह फिर इस लोक में कैसे आती है?
३. देवयान और पितृयान का पारस्परिक वियोग स्थान क्या है?
४. यह पितृलोक भरता क्यों नहीं है?
५. पांचवी आहुति के हवन किये जाने पर समिष्टि रूप पुरुष संज्ञा को कैसे प्राप्त होते है?

ऋषि उद्दालक गौतक द्वारा अपने पुत्र श्वेतकेतु सहित ज्ञान प्राप्ति की लालसा से जैवेलि प्रवाहण के पास पहुंचने पर राजा ने अग्नि की उपासना इस प्रकार से प्रकाशित की –

द्युलोक की अग्नि के रूप में उपासना

यह द्युलोक की अग्नि है। उसका आदित्य समिध, किरणें, धूम, दिन ज्वाला, चन्द्रमा, अंगार और नक्षत्र चिंगारियां है। इस द्युलोक अग्नि में देवगण श्रेद्धा का हवन करते हैं। इस आहुति से सोम की उत्पत्ति होती है।

पर्जन्य की अग्नि के रूप में उपासना

पर्जन्य अग्नि है, उसका वायु ही समिध है, बादल धूम है, विद्युत ज्वाला है, बज्र अंगार है तथा गर्जन चिनारी है। उस अग्नि में देवगण सोम का हवन करते हैं, उस आहुति से वर्षा होती है।

पृथ्वी की अग्नि के रूप में उपासना

पृथ्वी ही अग्नि है । उसका संवत्सर समिध्, आकाश धूम, रात्रि ज्वाला, दिशाऐं अंगार तथा अवान्तर दिशाऐं चिंगारी हैं। इस अग्नि में देवगण वर्षा का हवन करते हैं, उस आहुति से अन्न उत्पन्न होता है।

पश्चात् प्रवाहण ने पुरुष एवं स्त्री की भी, अग्निरूप में उपासना बताई जिससे गर्भ उत्पन्न होता है। अंत में उन्होंने पाँचवी आहुति से पुरुष की उत्पत्ति का रहस्य बताते हुए कहा–

"इस प्रकार पांचवी आहुति दिए जाने पर पुरुष शब्दवाची हो जाते हैं। वह जरायु से आवृत्त हुआ गर्भ नौ माह माता की कुक्षि के भीतर ही शयन कर उत्पन्न होता है।"

अग्नि उपासना से संचालित छांदोग्य में वर्णित इस सृष्टिक्रम के विलय के सम्बन्ध में आगे वृहदारण्यक उपनिषद् प्रवाहण के पहले प्रश्नों की ओर मुड़ता है। इस प्रकार अंत में जब शरीर के क्षय होने पर उसकी मृत्यु होती है तो इसे पुनः अग्नि (वास्तविक) के पास ले जाते हैं। तब उस पुरुष के लिए अग्नि ही अग्नि, समिध ही समिध, धूम ही धूम, ज्वाला ही ज्वाला, अंगारे ही अंगारे और विस्फुलिंग ही विस्फुलिंग होता है।

उपनिषदकार के अनुसार इस प्रकार जन्म-मृत्यु के रूप में जीवात्मा का पुनरागमन यथार्थतः इस पंचाग्नि की ही क्रीड़ा है। उसके अनुसार सकाम इच्छा होने पर जीवात्मा पितृलोक से चन्द्रमा में पहुँचकर अन्न बनता है। पश्चात् वह आकाश तत्व के माध्यम से वायु, वृष्टि, पृथ्वी और पुनः अन्न के रूप में पुरुष तथा स्त्री रूप अग्नि में उत्पन्न होता है।

तंत्र शास्त्र के अनुसार ऐसा माना जाता है कि पृथ्वी आदि पांच मूल तत्व प्रधान चक्रों को बेधकर ही कुण्डलिनी शक्ति जागृत हो ऊर्ध्वगमन करती है। अग्नि प्रधान मणिपूर चक्र भौतिक और परा भौतिक चेतना लोक का सन्धि स्थल है। इस चक्रवेध के बाद ही साधक को अतीन्द्रिय अनुभूतियां प्राप्त होती हैं।

कुण्डलिनी की ऊर्ध्व यात्रा में भी "अग्नि" का महत्वपूर्ण स्थान है। मानव शरीर के मेरुदण्ड में स्थित इड़ा, पिंगला और सुषुम्ना नाड़ियाँ इसके पथ को प्रशस्त करती हैं। वे क्रमशः चन्द्र, सूर्य और अग्नि की संवाहिका हैं। सुषुम्ना के अर्न्तगत ही ब्रह्म नाड़ी स्थित है। शक्ति का सम्यक उत्थान इसी मार्ग से होना चाहिए।

आज्ञा चक्र के नीचे भ्रुवोमध्य स्थित तीसरी आंख भी वस्तुतः अपनी सांध्यकालिक स्वर्ण अरुण आभा में अग्नि तत्व को ही प्रतिबिंबित करती है। आदि शंकराचार्य के सौंदर्य-लहरी के ४८ वें श्लोक के निम्न हिन्दी काव्य रूपान्तर में यही भाव व्यंजित होता है:–

तेरा दक्षिण नयन सूर्य या दिन का कारण
रजनीनायक बायां निशि की रचना करता
अर्द्धोन्मीलित स्वर्णकमल या नयन तीसरा
दिवस निशा के अन्तर में संध्या लाता है।

शिव के इसी तृतीय नेत्र द्वारा कामदेव के दहन की कथा प्रसिद्ध है :—

''तब शिव तीसर नयन उघारा,
चितवत काम भयेउ जरि छारा।''

इसका आशय यह भी कदापि नहीं है कि इस अग्नि नेत्र में दाहकता ही है। मूलत: शिव के संदर्भ में प्रयुक्त तृतीय नेत्र विश्व के लिए कल्याणकारक ही है।

मैने वेलेन्तीना को पंचकोशों का सिद्धान्त भी बताते हुए कहा कि जब शरीरमय और प्राणमय कोष के परे आध्यात्मिक विकास के क्रम में मानवीय चेतना मनोमय कोष में पहुंचती है तब इस तरह के अतीन्द्रिय अनुभव होते हैं। किन्तु इनमें बहुत भ्रम (इल्यूजन) भी होते हैं। अनेक दार्शनिकों ने अतीन्द्रिय दर्शन के इस पथ पर गहराई से विचार किया है व उनके लिए यह निर्णय प्राय: कठिन रहा है कि इनमें वस्तुगत सत्य व दृष्टा भाव का आरोप परस्पर किस परिमाण में होता है। वेलेंतीना ने इस पर अनेक दृश्यानुभवों की झड़ी लगाते हुए बार-बार मुझसे कहा "बताईये, यह वास्तविकता है या मानसिक भ्रम?"

सचमुच ही वेलेन्तीना अविचलित है । उसका विश्वास अडिग है। वह मानती है कि "अग्नियोग" भविष्य की महाशक्ति है। उसके अनुसार इस योग के अनुसरण में ही आगे सृष्टि का महाकल्याण होना है। यह भी सुनिश्‍िचित है कि कुछ सौ वर्षों में यह शक्ति स्वत: संसार में फैल जायेगी। हमारी सृष्टि के "सतयुग" के संतरण का "अग्नियोग" ही मुख्य आधार है और निश्‍िचत ही भारत की सूक्ष्म शक्तियाँ इसके लिए सुपात्र व्यक्तियों को तैयार कर रही हैं।

वेलेन्तीना ने दावा किया है कि वह वैष्व उर्जा के रूपान्तरण का एक "ट्रांसफार्मर" है। सृष्टि के किसी भी कोने में जब कोई दुर्घटना होने को होती है तो उसे इसका पूर्वाभास होने लगता है। उसे लगता है कि वैष्व ऊर्जा उसके शरीर से इकट्ठी होकर उस त्रासदी की ओर बह रही है। इसका असर तत्काल होता है। इससे मानवीय संत्रास की मात्रा या तो समाप्त हो जाती हैं या बहुत ही न्यून हो जाती है। शक्ति के इस निस्सरण द्वारा वह कुछ समय के लिए पूर्ण निश्चेष्ट व जड़वत् हो जाती है किन्तु धीरे-धीरे कुछ समय बाद उसकी शक्ति लौट आती है और वह पुन: सामान्य हो जाती है।

वेलेन्तीना ने मुझे बताया कि वह निरन्तर कुछ दृश्यावलियां देखा करती है। यहाँ तक कि कभी-कभी उसके काम के दौरन भी उसे आगे पीछे के विचित्र घटनाक्रम दिखाई देने लगते है। जब मैंने उससे पूछा कि क्या इस समय भी उसे कुछ दिख रहा है तो उसने अपनी दृष्टि दृढ़ करते हुये कहा "हाँ, आपको यहाँ विशेष रूप से बुलाया गया है।"

वेलेन्तीना का कहना था कि वह न तो किसी प्रकार से भयाक्रान्त है और न ही किंचित भी आशंकित। वह न केवल अपने कल्याण के प्रति आश्वस्त है, बल्कि उसकी सामर्थ्य के पीछे किसी दैवी शक्ति का कोई वृहत्तर अभिप्राय भी उसकी समझ में स्पष्ट है। उसने कहा कि हिमालय के अनेक योगी तथा अपने सिर पर सफेद वस्त्र बांधे एक भारतीय योगिनी उसका निरंतर मार्गदर्शन करते हैं। वेलेन्तीना ने जब मेरे पास एक पुस्तक में कुण्डलिनी जागरण व चक्रवेध संबधी कुछ चित्रों को देखा तो वह गद्‌गद् हो उठी। उसने आज्ञा चक्र के जागरण से संबंधित अतीन्द्रिय घन्टानिनाद पर अुंगली रखकर बताया कि इसे उसने अक्सर सुना है। आज्ञा चक्र के हं ऊं क्षं बीजमंत्रों का उसने बार-बार दर्शन किया है। एक कागज लेकर उसने एक आकृति भी बनाई और मुझसे पूछा ''यह क्या है? इसे मैं अक्सर देखा करती हूँ।''

मैंने उसे बताया ''यह ऊँ है''– भारतीय अध्यात्म में ईश्वर का निकटतम वाच्य।''

परिशिष्ट - २

भारतीय दर्शन और योग

भारतीय ऋषिओं ने सृष्टा और सृष्टि के रहस्य को छः कोणों से समझने की चेष्टा की है। वे जानते थे कि मानव की सबसे बड़ी अभीप्सा दुख से मुक्ति है। वे इसके प्रति भी आश्वस्त थे कि इन सिद्धान्तों के जरिये उन्होंने इसका निदान खोज लिया है। ये दार्शनिक सिद्धान्त और इनके प्रणेता निम्नानुसार हैं:—

१.	न्याय	गौतम
२.	वैशेषिक	कणाद
३.	मीमांसा	जैमिनि
४.	सांख्य	कपिल
५.	वेदान्त	वादरायण
६.	योग	पतंजलि

१. **न्याय** :— तर्क प्रधान इस प्रत्यक्ष विज्ञान के प्रवर्तक अक्षपाद गौतम हैं। न्याय से तात्पर्य उस प्रकिया से है जिसके द्वारा मनुष्य निष्कर्ष पर पहुँच सके— नीयते अनेन इति न्यायः ।

प्रत्येक ज्ञान के लिए चार वस्तुओं का होना आवश्यक है। (१) प्रमाता अर्थात् ज्ञान प्राप्त करने वाला, (२) प्रमेय अर्थात् जिसका ज्ञान प्राप्त करना अभीष्ट है, (३) ज्ञान और (४) प्रमाण अर्थात ज्ञान प्राप्त करने का साधन।

२. **वैशेषिक दर्शन** :— महर्षि कणाद ने इस दार्शनिक मत द्वारा ऐसे धर्म की प्रतिष्ठा का ध्येय रखा है जो भौतिक जीवन में अभ्युदय और लोकोत्तर जीवन में मोक्ष का साधन हो—

''यतोऽभ्युदय निश्रेयस सिद्धिः स धर्मः''

न्याय दर्शन जहाँ अन्तर्जगत और ज्ञान की मीमांसा को प्रधानता देता है वहीं वैशेषिक दर्शन बाह्य जगत की विस्तृत समीक्षा करता है। इसमें आत्मा के अस्तित्व को स्वीकार करते हुए इसे अजर, अमर और अविकारी माना गया है।

न्याय और वैशेषिक दोनों ही दर्शन परमाणु से संसार की उत्पत्ति मानते हैं। इनके अनुसार सृष्टि रचना में परमाणु उपादान कारण और ईश्वर निमित्त कारण है। इसके अनुसार जीवात्मा विभु और नित्य है तथा दुःखों का ध्वंस होना ही मोक्ष है।

समस्त वस्तुओं को कुल इन सात पदार्थों के अन्तर्गत माना गया है— १. द्रव्य, २. गुण, ३. कर्म, ४. सामान्य, ५. विशेष, ६. समवाय, ७. अभाव।

३. **मीमांसा** :– वेद के मुख्य दो भाग हैं– कर्मकाण्ड और वेदान्त। संहिता और ब्राह्मण में कर्मकाण्ड का प्रतिपादन किया गया है तथा उपनिषद एवं आरण्यक में ज्ञान का। मीमांसा दर्शन के आद्याचार्य जैमिनि ने इस कर्मकाण्ड को सिद्धान्तबद्ध किया है।

इस दार्शनिक मत के अनुसार प्रतिपादित कर्मों के द्वारा ही मनुष्य अभीष्ट प्राप्त कर सकता है। इसके अनुसार कर्म तीन प्रकार के हैं– काम्य, निषिद्ध और नित्य। वास्तव में बिना कर्म के ईश्वर भी फल देने में समर्थ नहीं है।

मीमांसा दर्शन ईश्वर की सत्ता को स्वीकार करते हुए बहुदेववादी है। इसमें यज्ञादि कर्मों के परिणाम के लिए एक अदृश्य शक्ति की कल्पना की गई है जो मनुष्य को शुभाशुभ फल देती है।

४. **सांख्य** :– वास्तव में यह एक द्वैतवादी दर्शन है। इसके अनुसार विश्व प्रपंच के प्रकृति और पुरुष दो मूल तत्व हैं । पुरुष चेतन तत्व है और प्रकृति जड़ । इसके अनुसार जगत का उपादान तत्व प्रकृति है। सत्व, रज और तम आदि तीन गुण उसके अभिन्न अंग हैं। वस्तुत: इन तीनों गुणों की साम्यावस्था का नाम ही प्रकृति है। जड़ प्रकृति का चेतन पुरुष के साथ संयोग होने से प्रकृति की साम्यावस्था भंग हो जाती है और उसके गुणों में क्षोभ उत्पन्न होता है । यहीं से सृष्टि का आरम्भ होता है । प्रथमत: महतत्त्व, अहंकार और पंच तन्मात्राओं को मिलाकर सात तत्व उत्पन्न होते हैं । अहंकार का गुणों के साथ संयोग होने से ज्ञानेन्द्रियों, कर्मन्द्रियों, मन तथा आकाशादि पांच महाभूतों की उत्पत्ति होती है।

५. **वेदान्त** :–महर्षि वादरायण जो संभवत: वेदव्यास ही हैं, का ''ब्रह्मसूत्र'' और उपनिषद वेदान्त दर्शन के मूल स्त्रोत हैं। आदि शंकराचार्य ने बह्म सूत्र, उपनिषद् और श्रीमद्भगवत् गीता पर भाष्य लिख कर अद्वैत मत का जो प्रतिपादन किया उसका भारतीय दर्शन के विकास में इतना प्रभाव पड़ा है कि इन ग्रन्थों को ही ''प्रस्थान त्रयी'' के नाम से जाना जाने लगा।

वेदान्त दर्शन निर्विकल्प, निरुपाधि और निर्विकार ब्रह्म को ही सत्य मानता है–

''ब्रह्म सत्यं जगन्मिथ्या।'' इसके अनुसार जगत की उत्पत्ति ब्रह्म से ही होती है– ''जन्माद्यस्य यत:।'' (ब्रह्म सूत्र-२), उत्पन्न होने के पश्चात् जगत ब्रह्म में ही अवस्थित रहता है और उसी में लीन हो जाता है। इसके अनुसार जगत की यथार्थ सत्ता नहीं है। सत्य रूप ब्रह्म के प्रतिबिम्ब के कारण ही जगत सत्य प्रतीत होता है।

जीवात्मा बह्म से भिन्न नहीं है। अविधा से आच्छादित होने पर ही ब्रह्म जीवात्मा बनता है और अविधा का नाश होने पर वह उसमें तद्रूप होता है।

६. **योग** :– महर्षि पतंजलि के ''योगसूत्र'' योग दर्शन का प्रथम व्यवस्थित और वैज्ञानिक अध्ययन है। योगदर्शन इन चार विस्तृत भाग, जिन्हें इस ग्रन्थ में पाद कहा गया है, में विभाजित है– समाधिपाद, साधनपाद, विभूतिपाद तथा कैवल्यपाद। प्रथमपाद का मुख्य विषय चित्त की विभिन्न वृत्तियों के नियमन से समाधि के द्वारा आत्म साक्षात्कार करना है। द्वितीय पाद में पांच बहिरंग साधन - यम, नियम, आसन, प्राणायाम और प्रत्याहार का विवेचन है। तृतीयपाद में

अंतरंग तीन धारणा, ध्यान और समाधि का वर्णन है। इसमें योगाभ्यास के दौरान प्राप्त होने वाली विभिन्न सिद्धियों का भी उल्लेख हुआ है किन्तु ऋषि के अनुसार वे समाधि के मार्ग की बाधायें ही हैं। चतुर्थ कैवल्यपाद मुक्ति की वह परमोच्च अवस्था है, जहाँ एक योग साधक अपने मूल स्त्रोत से एकाकार हो जाता है।

दूसरे ही सूत्र में योग की परिभाषा देते हुए पतंजलि कहते हैं– ''योगश्चित्त वृत्तिनिरोध:''। अर्थात योग चित्त की वृत्तियों का संयमन है। चित्तवृत्तियों के निरोध के लिए महर्षि पतंजलि ने द्वितीय और तृतीयपाद में जिस अष्टांगयोग साधन का उपदेश दिया है, उसका संक्षिप्त परिचय निम्नानुसार है:–

१. **यम**:– कायिक, वाचिक तथा मानसिक इस संयम के लिए अहिंसा, सत्य, अस्तेय चोरी न करना, ब्रह्मचर्य जैसे अपरिग्रह आदि पांच आचार विहित हैं। इनका पालन न करने से व्यक्ति का जीवन और समाज दोनों ही दुष्प्रभावित होते हैं।

२. **नियम** :– मनुष्य को कर्तव्य परायण बनाने तथा जीवन को सुव्यवस्थित करते हेतु नियमों का विधान किया गया है। इनके अर्न्तगत शौच, संतोष, तप, स्वाध्याय तथा ईश्वर प्रणिधान का समावेश है। शौच में बाह्य तथा आन्तर दोनों ही प्रकार की शुद्धि समाविष्ट है।

३. **आसन** :– पतंजलि ने स्थिर तथा सुखपूर्वक बैठने की क्रिया को आसन कहा है। परवर्ती विचारकों ने अनेक आसनों की कल्पना की है। वास्तव में आसन हठयोग का एक मुख्य विषय ही है। इनसे संबधित 'हठयोग प्रदीपिका' 'घेरण्ड संहिता' तथा 'योगाशिखोपनिषद्' में इनका विस्तार से वर्णन मिलता है।

४. **प्राणायाम** :– योग की यथेष्ट भूमिका के लिए नाड़ी साधन और उनके जागरण के लिए किया जाने वाला श्वास और प्रश्वास का नियमन प्राणायाम है। प्राणायाम मन की चंचलता और विक्षुब्धता पर विजय प्राप्त करने के लिए बहुत सहायक है।

५. **प्रत्याहार** :– इंद्रियों को विषयों से हटाने का नाम ही प्रत्याहार है। इन्द्रियाँ मनुष्य को बाह्यभिमुख किया करती हैं। प्रत्याहार के इस अभ्यास से साधक योग के लिए परम् आवश्यक अन्तर्मुखिता की श्थिति प्राप्त करता है ।

६. **धारणा** :– चित्त को एक स्थान विशेष पर केन्द्रित करना ही धारणा है ।

७. **ध्यान** :– जब ध्येय वस्तु का चिन्तन करते हुए चित्त तद्रूप हो जाता है तो उसे ध्यान कहते हैं। पूर्ण ध्यान की स्थिति में किसी अन्य वस्तु का ज्ञान अथवा उसकी स्मृति चित्त में प्रविष्ट नहीं होती।

८. **समाधि** :– यह चित्त की वह अवस्था है जिसमें चित्त ध्येय वस्तु के चिन्तन में पूरी तरह लीन हो जाता है। योग दर्शन समाधि के द्वारा ही मोक्ष प्राप्ति को संभव मानता है।

समाधि को भी दो श्रेणियाँ हैं- सम्प्रज्ञात और असम्प्रज्ञात । सम्प्रज्ञात समाधि वितर्क, विचार, आनन्द और अस्मितानुगत होती है । असम्प्रज्ञात में सात्विक, राजस और तामस सभी वृत्तियों का निरोध हो जाता है।

परिशिष्ट - ३

विश्वरूप दर्शन, आस्तिकता का दर्शन

श्रीमदभगवद्गीता के सातवें अध्याय में यथा संदर्भ संक्षेप में तथा १०वें अध्याय में श्री कृष्ण अपनी दिव्य विभूतियों का सविस्तार वर्णन करते हैं । ११ वें अध्याय में वे अर्जुन के अनुरोध पर अर्जुन के समक्ष उनका प्राकट्य भी करते हैं । १०वें अध्याय के आरम्भ में श्री कृष्ण अपनी विभूति और योग का उल्लेख करते हुए कहते हैं कि प्राणियों के पृथक पृथक भाव जैसे बुद्धि, ज्ञान, असंमोह, क्षमा, सत्य, दम, शम, सुख, दुःख होना, न होना, भय, अभय, अहिंसा, यमता, तुष्टि, तप, दान, यश और अपयश उनसे ही उत्पन्न हुए है । वस्तुत: सप्तर्षियों और मनुओं की संतान रूपी समस्त मानव जाति उनकी ही मानसिक सृष्टि है । स्वभावत: इस संक्षिप्त कथन से अर्जुन को संतोष नहीं हुआ । वह श्री कृष्ण की उन दिव्य विभूतियों को पूर्णरूपेण और सविस्तार सुनना चाहता है जिनके द्वारा वे समस्त लोकों को व्याप्त कर सुस्थित हैं ।

अर्जुन के इस अनुरोध के उत्तर में श्री कृष्ण अपनी प्रधान विभूतियों का नामोल्लेख ही करते हैं क्योंकि उनके अनुसार इनके विस्तार की कोई सीमा नही है । इसके बाद वे श्लोक क्रमांक २० से श्लोक क्रमांक ३९ तक अपने ८० विभूति स्थलों का भी वर्णन करते हैं । सारांशत: वस्तुनिष्ठ आधार पर बाह्य दृष्टि से जो कुछ भी विभूतियुक्त दृष्य है वह उन्हीं के अंश से ही उपत्न्न हुआ है, ऐसा समझना योग्य है । और बहुत विस्तार में जाने की आवश्यकता भी क्या है? भगवान श्रीकृष्ण इस सम्पूर्ण जगत को तो अंश मात्र से धारण कर स्थित हैं—

'विष्टभ्याहमिदं कृत्स्नमेकांशेन स्थितो जगत ।'

गीता के ग्यारहवें अध्याय में अर्जुन ने जब श्री कृष्ण के इस ऐश्वर्ययुक्त रूप के दर्शन की प्रार्थना की तब श्री कृष्ण द्वारा उन्हें दिव्य दृष्टि प्रदान कर दिए जाने पर उन्होंने भगवान के उस विराट रूप का दर्शन किया जिसमें श्री कृष्ण के शरीर में समस्त देवों, पृथ्वी , जलादि भूतविशेष के संघों, कमलासन पर बैठे ब्रह्मा, समस्त ऋषियों का वास है । दिव्य रूपों से युक्त वे आदि मध्य और अंत से रहित हैं तथा सूर्य और चन्द्रमा के नेत्र वाले उनके विराट वपु ने आकाश और पृथ्वी के बीच समस्त दिशाओं को भी आवृत किया हुआ है । पश्चात श्री कृष्ण अर्जुन को बताते हैं कि अर्जुन के समान अनन्य भक्त को छोड़कर वेद के अध्ययन, यज्ञ, दान, तप, क्रिया आदि किसी भी प्रकार से उनका वह रूप नहीं देखा जा सकता है ।

तुलसीकृत रामचरित मानस के उत्तरकांड में भी हमें ब्रह्म राम के इसी प्रकार के विभूति युक्त स्वरूप और विराट व्यक्तित्व के दर्शन प्राप्त होते हैं । यहाँ पर इसका सौभाग्य श्री राम के अनन्य भक्त कागभुषुण्डि जी को प्राप्त हुआ है । उनमें भी अर्जुन के समान एक मोह उत्पन्न हुआ—

प्राकृत सिसु इव लीला देखि भयउ मोहि मोहि
कवन चरित्र करत प्रभु चिदानंद संदोह

कागभुषुण्डि को यह मोह महामुनि नारद, सती, गरड़ अथवा सामान्य मनुष्यों की भाँति बंधनकारी या दुःखद सिद्ध नहीं हुआ । वस्तुतः इस विराट अनुभव के बाद कागभुषुण्डि भी अर्जुन की ही भाँति 'नष्ट-मोह' और 'विगत संदेह' ही नहीं होते, उन्हें भगवान श्री राम का यह अमोघ आशीर्वाद भी प्राप्त होता है—

माया संभव भ्रम सब अब न व्यापिहहिं तोह ।

प्रश्न उठता है कि अर्जुन और कागभुषुण्डि के द्वारा कृष्ण और राम के विभूतिमय विराट रूप के इस दर्शन में आध्यात्मिक और दार्शनिक स्तर पर वस्तुतः साम्य क्या है तथा गोस्वामी तुलसीदास ने अपनी भक्ति की अतीव उच्च भूमिका में इसे स्वानुभव की किन विशेषताओं से परिपूर्ण किया है ।

रामचरित मानस के उत्तरकांड में भक्त शिरोमणि कागभुषुण्डि जी पक्षिराज गरुड़ को रामकथा सुनाने के पश्चात् मायात्मक, सृष्टि, ईर्श्वरीय करुणा और भक्ति के महात्म्य पर अत्यन्त ललित शैली में अपने दार्शनिक निष्कर्ष प्रकट करते है । उनके अनुसार संसार में फैला हुआ माया का प्रचंड सैन्यदल सभी ज्ञानी, तापस, सूर, कवि, विद्वान और गुणियों को विभ्रमित कर देता है । यह माया भी यदपि श्री राम की भृकुटी के इशारे पर नटी के समान नृत्य करती है, किन्तु इसके प्रभाव में श्री राम के अगुन, अदम्र, अजित, अनवद्य, नित्य और निरंजन रूप का भी मनुष्य विस्मरण कर बैठता है । गीता भी तो कहती है—

अवजानान्ति मां मूढाः मानुषीं तनुमाश्रितं
परं भाव मजानन्तो मम भूत महेश्वरम् ।

(मुझे मानव देह में स्थित होने के कारण मूर्ख लोग मेरे परम भाव और महेश्वरता से अनभिज्ञ मुझे भी साधारण मनुष्य मान बैठे हैं ।)

श्री तुलसी इस सूत्र का समाधान बड़े तर्कयुक्त रीति से प्रस्तुत करते हैं । उनके अनुसार नाट्याभिनय करते हुए एक व्यक्ति जिस भूमिका का निर्वाह कर रहा होता है वह केवल उसके भाव का प्रदर्शन करता है, वैसा होता नहीं है—

जथा उनके वेष धरि नृत्य करइ नट कोई
सोइ सोइ भाव देखावहू आपुन होइ न सोई ।

मानस के श्रेष्ठतम 'मराल' कागभुषुण्डि को भी इस सत्य के उद्घाटन के पूर्व एक कठिन परीक्षा से गुजरना पड़ा। उनके ईष्टदेव बालक - राम ने एक बार उनके साथ ऐसा 'अतिशय' अभिनय किया था कि उनके स्मरण मात्र से भुषुण्डि जी को रोमांच होने लगता है। वे शिशुराम के अपने साथ क्रीडा करते पास आने पर खुश होते हैं और उनके उड़ने पर रुदन करने लगते हैं। एक सामान्य बालक की ही भाँति राम के इस व्यवहार से कागभुषुण्डि को भी उनके ईश्वरत्व में किंचित संदेह होता है। चूंकि वे भक्त हैं इसलिए उनके पतन की संभावना कहीं नहीं है, किन्तु अर्जुन की भाँति उन्हें भगवान की विभूतियों और वैभव के साक्षात्कार का अवसर मिल जाता हैं। उड़ते हुए कागभुषुण्डि को पकडने के लिए बालक राम अपना हाथ आगे बढ़ाते हैं। इससे बचने के लिये भुषुण्डि सप्तावरणों के पार ब्रम्हलोक तक गए किन्तु उनके और राम के हाथ के बीच में दो अँगुली की दूरी समाप्त नहीं होती। कागभुषुण्डि घबड़ाकर जब आँख मूंद लेते हैं तो वे अपने आपको अयोध्या में पाते हैं। फिर अकस्मात राम के हँसने पर वे उनके मुह में चले जाते हैं। राम के पेट में पहुँचकर भुषुण्डि जी अनेक ब्रह्माण्ड, करोडों ब्रह्मा, शिव, सूर्य, चन्द्र और तारागण देखते हैं। वे एक एक ब्रह्माण्ड में सौ-सौ वर्ष बिताकार लगभग सौ कल्प ही व्यतीत कर देते हैं। राम के इस विभूति लोक में रहते हुए ही भुषुण्डि जी एक बार पुनः राम की बाल्य लीलाओं के रसास्वादन के लिये अयोध्या आते हैं। राम एक बार फिर हसते हैं तथा भुषुण्डि काल की सापेक्षता में वापस लौटकर अनुभव करते हैं कि यह सारा कौतुक उन्होंने मात्र दो घड़ियों में ही देख लिया है।

राम के इस विराट रूप के दर्शन के बाद राम के पूर्ण पुरुषोत्तम स्वरूप और उनकी भक्ति की उत्कृष्टता से अभिभूत भुषुण्डि राम की विभूतियों का वर्णन करते हैं। उनके अनुसार राम के नाम और रूप की महिमा तथा विभूति, अमित, अनंत और अनुपमेय है। अपने कथन को स्पष्ट करने के लिये भुषुण्डि जी कुल बाईस उपमेय जुटाते हैं जिनमें कामदेव, इन्द्र, दुर्गा, विष्णु, सूर्य, चन्द्र, ब्रम्हा, विष्णु, रुद्र, कुबेर, आदि सब है किन्तु ये करोड़-करोड़ होकर भी उनकी बराबरी नहीं कर पाते।

परम भागवत कवि तुलसी के असीम भाव-बोध ओर दिव्यदृष्टि सम्पन्न संजय की संवाद-सूचना में ईश्वरीय सत्ता के प्रकटीकरण में अन्तर तो होगा ही किन्तु इससे उनकी अपार विभूतिमत्ता का साक्षात्कार तो किया ही जाना चाहिये। यहाँ पुराणों की कथा के उस सामान्य शिल्प में सीमित होने की आवश्यकता नहीं है जिसमें एक पुराण विशेष के कथानक के केन्द्रीय देवता को सर्वोत्कृष्ट और सर्वोच्च्व पद दिया जाता है। योग की दिव्य विभूतियों से सम्पन्न पुराण पुरुषोत्तम राम और कृष्ण वस्तुतः योग दर्शन के ईश्वर ही है।

"क्लेशन्कर्म - विपाकाशयैरपराभृष्टः पुरुष-विशेष ईश्वरः"

(क्लेश, कर्म, विपाक, संस्काराशय से असंग पुरुष विशेष ईश्वर है।)

तुलसी के राम जीव और ईश्वर के इस भेद को स्पष्ट करते हुए करते हैं–

"मायहिं आपु न ब्रम्ह कह जनि कहिय सो जीव
बन्ध मोक्ष प्रद सर्वपर, माया प्रेरक सीव।"

आखिर इतने स्थान, इतने देवता और इतनी विभूतिमत्ता के विवरणों का क्या आशय है?

किन्तु क्या समस्त चराचर सृष्टि के कारण, उपादान और समाधान ईश्वर को एकदेश, एक रूप में देखा जा सकता है?

जो सदा, सर्वत्र इतना सम्पूर्ण है कि उससे निरंतर नव नूतन रूप और प्रतिरूप घटकर उसे अप्रभावित और संपूर्ण ही रखते हैं, उसकी विराट और बहुआयामी पहचान का प्रकट माध्यम संभवत: यह विभूति पूर्ण योग ही हो सकता है—

अविभक्तं सर्वभूतेषु विभक्तमिव च स्थितम्।

परिशिष्ट - ४
व्यवहारिक जीवन के लिए गीता के संदेश

क्लैब्यं मा स्म गमः पार्थ नैतत्त्वय्युपपद्यते ।	२/३ दुर्बलता उचित नहीं।
यच्छ्रेयः स्यान्निश्चितं ब्रूहि तन्मे। शिष्यस्तेऽहं शाधि मां त्वां प्रपन्नम् ।।	२/७ ज्ञान प्राप्ति के लिए शिष्य भाव आवश्यक।
गतासूनगतासूंश्च नानुशोचन्ति पंडिताः।	२/११ भूत और भविष्य के स्थान पर वर्तमान की ही चिंता की जानी चाहिए।
देहिनोऽस्मिन्यथा देहे कोमारं यौवनं जरा। तथा देहान्तरप्राप्तिर्धीरस्तत्र नमुह्यति।।	२/१३ मृत्यु से विचलित होना उचित नहीं है।
मात्रास्पर्शास्तु कौन्तेय शीतोष्णसुखदुःखुदाः। आगमापायिनोऽनित्यास्तांस्तितिक्षस्व भारत।।	२/१४ इन्द्रिय सुख अनित्य हैं।
समदुःखसुखं धीरं।	२/१५ दुःख और सुख में समभाव हो।
नासतो विद्यते भावो नाभावो विद्यते सतः।।	२/१६ असत् की सत्ता नहीं और सत् का अभाव नहीं है।
विनाशमव्ययस्यास्य न कश्चित्कर्तुमर्हति। तस्ताद्युध्यस्व भारत।।	२/१७-१८ अविनाशी को कोई मार नहीं सकता, अतः युद्ध करो ।
नायं हन्ति न हन्यते। न हन्यतेहन्यमाने शरीरे।।	२/१९-२० आत्मा न मरती है न मारती है।
वासांसि जीर्णानि यथा विहाय नवानि गृहणाति नरोऽपराणि। तथा शरीराणि विहाय जीर्णान्यन्यानि संयाति नवानि देही।।	२/२२ मृत्यु पुराने वस्त्रों के त्याग के समान है ।
जातस्य हि ध्रुवो मृत्युर्ध्रुवं जन्म मृतस्य च। देही नित्यमवध्योऽयं देहे सर्वस्य भारत।	२/२७ जन्म और मृत्यु सुनिश्चित क्रम ।
तस्मात्सर्वाणि भूतानि न त्वं शोचितुमर्हसि।।	२/३० कोई भी मृत्यु चिंता का विषय नहीं ।
युध्दाच्छ्रेयो ऽन्यत्क्षत्रियस्य न विद्यते।	२/३१ एक सिपाही का धर्म कर्तव्य लड़ना है ।

संभावितस्य चाकीर्तिर्मरणादतिरिच्यते।	२/३४	माननीय के लिए अपकीर्ति मृत्यु से अधिक पीड़ादायक है ।
हतो वा प्राप्स्यसि स्वर्गं जित्वा वा भोक्ष्यसे महीम्। तस्मादुत्तिष्ठ कौन्तेय युद्धाय कृतनिश्चय:।।	२/३७	एक सैनिक को जय और पराजय दोनों ही पुरस्कार उपलब्ध हैं।
सुखदु:खे समे कृत्वा लाभालाभौ जयाजयौ।	२/३८	सुख, दुख, लाभ, हानि और जय, पराजय में सम हो ।
स्वल्पमप्यस्य धर्मस्य त्रायते महतो भयात्।	२/४०	कर्मयोग का किंचित भी साधन महान संकटों से मुक्ति देता है ।
बहुशाखा ह्यनन्ताश्च बुद्धयोऽव्यवसायिनाम्।	२/४१	अस्थिर विचार वाला लक्ष्य प्राप्ति से भटक जाता है ।
भोगैश्वर्यप्रसक्तानां तयापहृतचेतसाम्।	२/४४	भोग और ऐश्वर्य की इच्छा से चित्त की एकाग्रता प्रभावित होती है ।
कर्मण्येवाधिकारस्ते मा फलेषु कदाचन्।	२/४७	मनुष्य की सीमा में कर्म करना है, फल की प्राप्ति नहीं ।
योगस्थ: कुरुकर्माणि सङ्गं त्यक्त्वा धनंजय।	२/४८	योग में स्थित होने पर ही कर्म सार्थक है ।
बुद्धौ शरणमन्विच्छ कृपणा: फलहेतव:।	२/४९	फल की इच्छा रखने वाले दीन हैं ।
योग: कर्मसु कौशलम् ।	२/५०	योग कर्म की कुशलता है ।
दु:खेश्वनुद्विग्नमना: सुखेषु विगतस्पृह:।	२/५६	दुख में उद्विग्न नहीं और सुख में निस्पृहता ।
नाभिनन्दति न द्वेष्टि।	२/५७	अभिनंदन और द्वेष से परे।
वशेहि यस्येन्द्रियाणि तस्य प्रज्ञा प्रतिष्ठिता।	२/६१	इन्द्रियों पर नियंत्रण रखने वाले मनुष्य की बुद्धि ही स्थिर है।
ज्ञानयोगेन सांख्यानां कर्मयोगेन योगिनाम्।	३/३	ज्ञान और कर्म दो प्रशस्त पक्ष हैं।
नहि कश्चित्क्षणमपि जातु तिष्ठत्यकर्मकृत।	३/५	मनुष्य एक क्षण भी बिना कर्म किए नहीं रह सकता ।
कमेन्द्रियाणि संयम्य य आस्ते मनसा स्मरन्।	३/६-७	इंन्द्रियों की अपेक्षा मन का भोगों से अलग होना महत्वपूर्ण है ।
यज्ञार्थात्कर्मणोऽन्यत्र लोकोऽयं कर्मबन्धन:।	३/९	कर्म आसक्ति से रहित हो ।
परस्परं भावयन्त: श्रेय: परमवास्यथ।	३/११	एक दूसरे को उन्नत कर हम परम् श्रेय को प्राप्त करते हैं।

यद्यादाचरति श्रेष्ठस्तत्तदेवतरो जनः।	३/२१	श्रेष्ठ जन के आचरण के आदर्श का अनुकरण होता है ।
प्रकृतेः क्रियामाणानि गुणैः कर्माणि सर्वशः। अहंकार विमूढात्मा कर्ताहमिति मन्यते॥	३/२७	सभी कार्य प्रकृति से ही सम्पन्न होते हैं। इन्हें स्वयं के द्वारा किया माना जाना केवल अंहकार है।
निराशीर्निर्ममो भूत्वा युध्यस्व विगतज्वरः॥	३/३०	आशारहित, ममतारहित और संताप रहित हो युद्ध कर ।
प्रकृतिं यान्ति भूतानि निग्रहः किं करिष्यति॥	३/३३	प्रकृति के व्यापार में निग्रह से कोई लाभ नहीं है ।
स्वधर्मे निधनं श्रेयः परधर्मो भयावहः ॥	३/३५	अपने स्वभाविक कर्तव्य में प्राणोत्सर्ग भी वांछनीय है।
किं कर्म किमकर्मेति कवयोऽप्यत्र मोहिताः॥	४/१६	कर्म और अकर्म का निर्धारण बुद्धिमानों के लिए भी कठिन है ।
कर्मण्यकर्म यः पश्येदकर्माणि च कर्म यः॥	४/१८	बुद्धिमान मनुष्य आत्मा को अकर्ता मान कर कर्म में अकर्म और अकर्म में कर्म देखता है।
समः सिद्धावसिद्धौ च कृत्वापि न निबध्यते॥	४/२२	सिद्धि और असिद्धि में समान भाव वाला व्यक्ति ही मुक्त है।
सर्वं कर्माखिलं पार्थ ज्ञाने परिसमाप्यते॥	४/३३	कर्म की स्वभाविक परिणित ज्ञान है।
न हिं ज्ञानेन सदृशं पवित्रमिह विद्यते। तत्स्वयं योगसंसिद्धः कालेनात्मनि विन्दति॥	४/३८	ज्ञान से अधिक पवित्रकारी कुछ नहीं।
अज्ञश्चाश्रद्दधानश्च संशयात्मा विनश्यति॥	४/४०	संशयशील मनुष्य विनष्ट होता है।
कर्मसंन्यासात्कर्मयोगो विशिष्यते ॥	५/२	संन्यास की तुलना में कर्मयोग श्रेष्ठ है।
न कर्तृत्वं न कर्माणि लोकस्य सृजति प्रभुः। न कर्मफलसंयोगं स्वभावस्तु प्रवर्तते॥	५/१४	ईश्वर कर्ता, कर्म अथवा कर्मफल आदि नहीं बनाता, ये सब स्वभाव से संचालित हैं।
नादत्ते कस्यचित्पापं न चैव सुकृतं विभुः।	५/१५	ईश्वर किसी पुण्य या पाप को ग्रहण नहीं करता।
न प्रहृष्येत्प्रियं प्राप्य नोद्विजेत्प्राप्य चाप्रियम्॥	५/२०	प्रिय को प्राप्त कर हर्ष तथा अप्रिय को प्राप्त कर द्वेष न हो।
अनाश्रितः कर्मफलं कार्यः कर्म करोति यः॥	६/१	कर्मफल के प्रति अनाश्रित व्यक्ति ही योगी और सन्यासी है।

सुहृन्मित्रार्युदासीनमध्यस्थ द्वेष्यबन्धुषु ।
साधुष्वपि च पापेषु समबुद्धिर्विशिष्यते।।
६/९ मित्र, शत्रु, साधु और पापात्मा में भी समभाव रखने वाला मनुष्य श्रेष्ठ है ।

युक्ताहारविहारस्य युक्तचेष्टस्य कर्मसु।
युक्तस्वप्नावबोधस्य योगो भवति दु:खहा।।
६/१७ योग युक्त आहार, विहार, चेष्टा, निद्रा, और जागरण करने वाले को सुलभ है।

स निश्चयेन योक्तव्यो योगो अनिर्विण्ण चेतसा।
६/२३ योग धैर्य और निश्चयपूर्वक प्राप्त होता है।

सर्वभूतस्थमात्मानं सर्वभूतानि चात्मनि।
ईक्षते योगयुक्तात्मा सर्वत्र समदर्शन:।।
६/२९ आत्मा को सभी पदार्थों तथा सभी पदार्थों को आत्मा में देखना सही दृष्टि है।

न हि कल्याणकृत्कश्चिद्दुर्गतिं तात गच्छति ।।
६/४० कल्याण-पथ का पथिक कभी भटकता नहीं, उसकी दुर्गति नहीं हो सकती।

न च मां तानि कर्माणि निबध्नन्ति धनंजय।
उदासीनवदासीनमसक्तं तेषु कर्मसु।।
९/९ कर्म में तटस्थ भाव कर्म के भार से मुक्त रखता है।

यस्मान्नोद्विजते लोको लोकान्नोद्विजते च य:।
हर्षामर्षभयोद्वेगैर्मुक्तो य: सच मे प्रिय:।।
१२/१५ जिससे दूसरे को पीड़ा नहीं तथा जो दूसरे से पीड़ित नहीं वह मनुष्य ईश्वर को प्रिय है।

मानापमानयोस्तुल्यस्तुल्यो मित्रारिपक्षयो:
सर्वारम्भपरित्यागी गुणातीत: स उच्यते।।
१४/२५ जो मान और अपमान में सम और कर्तापन से रहित है, वह गुणातीत है।

अनुद्वेगकरं वाक्यं सत्यं प्रियहितं च यत्।
१७/१५ अनुद्वेगपूर्ण, प्रिय और हितकर कथन वाणी का तप है।

न द्वेष्ट्यकुशलं कर्म कुशले नानुषज्जते।।
१८/१० जो अकुशल कर्म से द्वेष नहीं करता और कुशल कर्म से आसक्त नहीं होता वही बुद्धिमान है।

न हि देहभृता शक्यं त्यक्तुं कर्माण्यशेषत:।
१८/११ शरीर धारी मनुष्य द्वारा पूर्णतया कर्मों का त्याग संभव नहीं है।

अधिष्ठानं तथा कर्ता करण च पृथग्विधम्।
विविधाश्च पृथक्चेष्टा दैवं चैवात्र पन्चमम्।।
१८/१४ अधिष्ठान, कर्ता, करण, चेष्टा और देव आदि पांच कर्म के हेतु हैं।

यस्य नाहंकृतो भावो बुद्धिर्यस्य न लिप्यते।
हत्वापि स इमाँल्लोकान्न हन्ति न निबध्यते।।
१८/१७ अंहकार और आसक्ति से शून्य मनुष्य कहां किसी को मारता है।

स्वे स्वे कर्मण्यभिरतः संसिद्धिं लभते नरः।।	१८/४५ अपना-अपना कार्य करते हुए ही मनुष्य सिद्धि प्राप्त करता है।
सहजं कर्म कौन्तेय सदोषमपि न त्यजेत्। सर्वारम्भा हि दोषेण धूमेनाग्निरिवावृताः।।	१८/४७ दोष युक्त होने पर भी स्वभाविक कार्य नहीं छोड़ा जाना चाहिए।
यत्र योगेश्वरः कृष्णो यत्र पार्थो धनुर्धरः। तत्र श्रीर्विजयो भूतिर्ध्रुवा नीतिर्मतिर्मम।।	१८/७८ जहाँ योग और कर्मयोग है वहाँ निश्चय ही विजय और विभूति है।

सागर विश्वविद्यालय से अंग्रेंजी
साहित्य में एम. ए., अनेक योगियों और
आध्यात्मविदों से संपर्करत **श्री प्रभुदयाल मिश्र**
(जन्म १९४६) मध्यप्रदेश शासन की सेवा में एक
वरिष्ठ अधिकारी हैं । योगमार्ग में उनकी शक्तिपात दीक्षा है एवं इस
पृष्ठभूमि में उनके आत्मानुभवपूर्ण देश-विदेश में व्याख्यान हुए हैं ।

'सौन्दर्यलहरी काव्यानुवाद', 'देवात्मशक्ति' (श्री स्वामी विष्णुतीर्थ की 'डिवाइनपावर' का हिन्दी अनुवाद) और 'दी गीता फॉर आल' श्री मिश्र की अन्य प्रकाशित कृतियाँ हैं तथा योग, दर्शन और साहित्य पर तीन पुस्तकें प्रकाशनाधीन हैं ।